Levente Zorkóczy

Hörsamkeit
in Kirchen

1976

Verlag Merseburger Berlin

49. Veröffentlichung der Gesellschaft der Orgelfreunde

Edition Merseburger 1467

© 1976 Verlag Merseburger Berlin GmbH
Alle Rechte vorbehalten · Printed in Germany
Satz: F. Strube GmbH, Gauting
Druck: Arno Brynda GmbH, Berlin

ISBN 3-87537-136-4

Inhalt

Geleitwort

Wenn auch heute in Deutschland nicht mehr so viele neue Kirchen gebaut werden wie in den ersten Jahrzehnten nach dem Kriege, so besteht doch immer noch ein gewisser Bedarf an neuen Kirchen, besonders in den Satellitenstädten und in den Randgemeinden größerer Orte. Dazu werden laufend Kirchen renoviert oder umgebaut, so daß das Problem einer guten Hörsamkeit in kirchlichen Räumen keineswegs überholt ist, sondern immer wieder auftaucht. Wie wichtig die damit zusammenhängenden Fragen sind, ergibt sich aus vielen negativen Beispielen, d. h. Kirchen mit schlechter Hörsamkeit für Sprache oder Musik. Ungünstige akustische Eigenschaften des Kirchenraums wirken sich nicht nur störend auf die gottesdienstlichen Handlungen selbst aus, sondern behindern auch erheblich eine gute Darstellung der Kirchenmusik. Nicht zuletzt die Orgel benötigt für ihre Klangentfaltung eine gute Raumakustik.

Die „Gesellschaft der Orgelfreunde" ist im Zusammenhang mit ihrem Einsatz für die gute und klangschöne Orgel natürlich auch an einer guten Hörsamkeit in den Kirchen interessiert und legt nun − in Zusammenarbeit mit dem „Bund Deutscher Orgelbaumeister" − als 49. Veröffentlichung eine Handreichung über die Grundlagen der raumakustischen Gestaltung vor, die eine für die Praxis geeignete Zusammenfassung aller bisherigen Erkenntnisse darstellt und damit den interessierten Architekten und Bauherren eine Hilfe sein soll.

Dem Verfasser, Herrn Professor Dipl.-Ing. Levente Zorkóczy, Düsseldorf, sei für seine aus profunden Kenntnissen entstandene und in gut verständlicher Form geschriebene Arbeit besonderer Dank ausgesprochen, ebenso den Herren Dr.-Ing. Herbert Briefs, Krefeld und Orgelbauer Hans Gerd Klais, Bonn, für ihre Initiativen und gestaltende Mitarbeit. Möge diese Schrift dazu beitragen, daß auch weiterhin auf Grund einer möglichst optimalen Raumakustik gute Kirchenmusik gepflegt werden kann.

Singen, den 27. Oktober 1974

Dr. Wolfgang Adelung
Präsident der
Gesellschaft der Orgelfreunde

Einführung

Jegliche Musikausübung in kirchlichen Räumen, ganz besonders aber die Orgelmusik, lebt von der ihr gemäßen Raumakustik — heute Hörsamkeit genannt. Diese Erkenntnis ist so alt wie die Klage über schlechte „Akustik". Zu den verwickelten Verhältnissen auf diesem Gebiet gibt es zwar eine sehr umfangreiche wissenschaftliche Literatur; aber an einer allgemein verständlichen und somit der Praxis dienlichen Kurzdarstellung schien es bisher zu fehlen. Deshalb hat der Unterzeichnete bereits im Jahre 1968 auf der Tagung der Gesellschaft der Orgelfreunde in Hannover den Antrag gestellt, eine Handreichung für Architekten, Kirchengemeinden, Baubehörden und Denkmalpfleger zu erarbeiten. Ihr Ziel sollte sein, Erkenntnisse zum Einfluß von Raumgeometrie, Baustoffen und Flächenstruktur auf die Hörsamkeit zu vermitteln und so eine konkrete Hilfe für den Neuentwurf von Kirchen wie auch für ihre Restaurierung zu geben.

Diese Arbeit wurde nun in einem kleinen Kreis in Angriff genommen, der im wesentlichen bestand aus den Herren

Dipl.-Ing. *Levente Zorkóczy,* Professor an der Fachhochschule
Düsseldorf (Fachgebiet Akustik),
Orgelbauer *Hans Gerd Klais,* Bonn (BDO), und
dem Unterzeichner als Obmann.

Entgegen der Erwartung hat sich die Fertigstellung leider hinausgezögert. Dies lag u. a. in der Notwendigkeit begründet, unsere eigenen Vorstellungen zur akustisch zwar nicht ausschließlich, aber doch vorwiegend maßgebenden Nachhallzeit praktisch zu untermauern. Eine diesbezügliche Fragebogenaktion brachte wenig brauchbare Ergebnisse. Deshalb war in einer größeren Anzahl von Kirchenräumen unterschiedlicher Halligkeit die Nachhallzeit zu messen und auszuwerten.

Ohne den Ausführungen der Handreichung selbst vorgreifen zu wollen, soll ein Gesichtspunkt wegen seiner grundsätzlichen Bedeutung bereits hier kurz angesprochen werden. Bei der Benutzung kirchlicher Räume stehen zur Diskussion:

1. Eine gute Musikhörsamkeit, insbesondere für Orgel, und zugleich eine gute, d. h. „lebendig wirkende" Wortverständlichkeit; o d e r

2. ausschließlich eine reine Silbenverständlichkeit im Sinne eines sachlich trockenen „Kathedertones" von zugleich geringer Tragfähigkeit in grösseren Räumen.

Zwar stellen beide Fälle entgegengesetzte akustische Anforderungen; in der Praxis ist aber auch im ersten Fall das lebendig wirkende Wort gegeben:

durch nicht zu rasches, aber artikuliertes Sprechen;
durch Schallführung mittels Kanzeldeckel und — bei größeren Räumen — sinngemäßer Vorrichtung auch über dem Altar;
notfalls durch Ergänzung mit einer richtig gebauten elektroakustischen Anlage.

Zudem genügt im ersten Fall eine kleinere Orgel, während beim zweiten der in jeder Beziehung trockenen Musikgebarung auch eine größere, dazu mit weiteren Mensuren angelegte Orgel nicht entgegenzuwirken vermag (ökonomisches Prinzip!). Man beachte aber: Einen bereits vorliegenden zweiten Fall später zu verbessern, weil die Hörsamkeit als zu trocken und unlebendig empfunden wird, bedeutet nicht weniger als eine völlige Restaurierung unter Auskleidung mit schallharten Stoffen, ohne ein befriedigendes Ergebnis gewährleisten zu können.
Die Bevorzugung des in jeder Hinsicht natürlich wirkenden ersten Falles also vorausgesetzt, ist diese Handreichung geschrieben. Es ist zu hoffen, daß sie von den beteiligten Stellen nicht nur gelesen, sondern in stets zweckmäßiger Zusammenarbeit mit einem Fachmann für Akustik auch befolgt wird und vor allem die Architekten zu vielschichtiger Gestaltung anregt.
Auf die für die Durchhörbarkeit von Orgelklang wesentlichen Gesichtspunkte wie Spieltempo, Artikulation, Phrasierung und Registrierung wird nicht näher eingegangen. Diese Fragen würden den Rahmen einer solchen Handreichung überschreiten; sie beantworten sich vielmehr aus der persönlichen Abhörkontrolle des Spielers, etwa über Kopfhörer, vor allem aber aus dem Kirchenschiff heraus.
So bleibt mir nur übrig, hier allgemein, ohne Nennung einzelner Namen, Dank zu sagen für eine gute, fruchtbare Gemeinschaftsarbeit, an der im wesentlichen beteiligt gewesen sind:

der Bund Deutscher Orgelbaumeister durch die Kostenübernahme für die Manuskriptgestaltung,

die Gesellschaft der Orgelfreunde durch die Aufnahme dieser Schritt in die Reihe ihrer Veröffentlichungen.

Dr.-Ing. Herbert Briefs

1. Einleitung und Aufgabenstellung

Es ist eine zu gut bekannte Tatsache, daß gerade bei Kirchen hinsichtlich Hörsamkeit — darunter versteht man die Eignung eines Raumes für akustische Darbietungen — vieles zu wünschen übrig bleibt. Es besteht daher die begründete Bestrebung, bei Kirchenneubauten Fehler, die sich auf eine gute Hörsamkeit schädlich auswirken würden, bereits bei der Planung zu erkennen und somit zu vermeiden. Bei bereits vorhandenen älteren Kirchen mit schlechter Hörsamkeit sollte man anläßlich von Renovierungsarbeiten danach trachten, mit der optischen Verschönerung auch eine akustische zu verbinden.

Aufgabe dieser Broschüre soll sein, denjenigen, die sich direkt oder indirekt mit den baulichen Fragen von kleinen bis mittelgroßen Kirchen — bis zu einem Raumvolumen von ca. 4000 m³, mit etwa 400 bis 500 Sitzplätzen einschließlich Chor und Orchester — befassen, einen Wegweiser auf dem Gebiet der Raumakustik zu geben. Dabei wurde — unter Wahrung der erforderlichen physikalischen und wissenschaftlichen Exaktheit — im Interesse der leichten Verständlichkeit auch für fachlich nicht besonders vorgebildete Leser — auf einfache Formulierung besonderer Wert gelegt.

Um die erforderlichen Grundkenntnisse zu vermitteln und für bereits Vorgebildete das Wichtigste zusammenzufassen, entstand der erste Teil — Raumakustische Grundlagen. Nach ausführlicher Darstellung der einzelnen Fragen in den darauffolgenden Abschnitten folgt eine Zusammenfassung für den Planer. Möglichkeiten einer Korrektur bei bereits bestehenden Kirchen bilden den letzten Abschnitt der eigentlichen Arbeit. Anschließend folgt noch ein Verzeichnis der wichtigsten Fachausdrücke mit Erläuterung, eine Tabelle der Schallabsorptionsgrade einiger typischer, im Kirchenbau verwendeter Materialien und eine Literaturzusammenstellung.

Wie jedoch ein Schema für Kirchenbau, das die schöpferische und fachmännische Mitarbeit eines Architekten überflüssig macht, völlig undenkbar wäre, so wäre auch nach dem Studium dieser Broschüre die Schlußfolgerung falsch, daß nunmehr die Heranziehung eines beratenden Akustikers in gegebenen Fällen nicht mehr erforderlich sei, zumal die erforderlichen Messungen der Nachhallzeit — mit den entsprechenden Apparaturen — nur von einem Fachmann vorgenommen und interpretiert werden können.

2. Raumakustische Grundlagen

Als ein Teilgebiet der Akustik beschäftigt sich die Raumakustik mit der Untersuchung des Schallfelds in geschlossenen Räumen, wie Hörsälen, Konzertsälen, Kirchen, Kinos, usw. Je nach der Methode, mit welcher man die akustischen Eigenschaften des Raumes untersucht bzw. wie man das Schallfeld in einem Raum betrachtet, spricht man von der wellentheoretischen, geometrischen und statistischen Raumakustik.

Die wellentheoretische Raumakustik betrachtet den Raum als ein schwingfähiges Gebilde und untersucht seine Resonanzen. Die geometrische Raumakustik abstrahiert die sich im Raum ausbreitenden Schallwellen zu sogenannten Schallstrahlen, die sich nach den Gesetzen der Optik ausbreiten. In diesen beiden Fällen spielt die Raumform die wichtigste Rolle. Die statistische Raumakustik schließlich betrachtet die Schallenergieverhältnisse im Raum, wobei das Raumvolumen und nicht die Raumform, ferner die Schallabsorption der Flächen die ausschlaggebende Rolle spielen.

2.1. Nachhallzeit, Schallabsorption

Will man die akustischen Eigenschaften eines Raumes, die Hörsamkeit — seine Eignung für Schalldarbietungen allgemein — beschreiben, so muß man mehrere Kriterien untersuchen, die sozusagen die Qualitätsmerkmale der Hörsamkeit darstellen. Diese sind unter anderem die Nachhallzeit, der Laufzeitunterschied, die Silbenverständlichkeit, die Diffusität.

Eine der ältesten und für die Kirchenakustik wohl eine der wichtigsten dieser Kriterien ist die *Nachhallzeit*. Sie gibt Auskunft über die Halligkeit eines Raumes. Unter der Nachhallzeit T versteht man die Zeitspanne in Sekunden, innerhalb welcher der Schallpegel L in einem Raum, nach plötzlichem Aufhören einer akustischen Anregung — z. B. nach Ertönen eines Schusses — von seinem ursprünglichen Wert um 60 dB absinkt.

Bild 1 zeigt die Verhältnisse schematisch.

Der Schallpegel L ist der zwanzigfache Logarithmus des Verhältnisses zweier Schalldrücke p_1 und p_2. Er wird in Dezibel (dB) angegeben.

$$\text{Schallpegel:} \quad L = 20 \cdot \lg \frac{p_2}{p_1} \text{ in dB}$$

Der sogenannte Schalldruck p wiederum ist ein Wechseldruck, eine Druckänderung. Er ist die Änderung des atmosphärischen Drucks, hervorgerufen durch die

10

Schallschwingungen. Der Schalldruck wurde früher in Mikrobar (μb) angegeben, heute in Pascal (Pa), wobei die Umrechnung gilt: 1 Pa = 10 μb.

Mit den Fragen der Nachhallzeit hat sich als erster der amerikanische Physiker *W. C. Sabine* (1868-1919) beschäftigt, auch die obige Definition stammt von ihm.

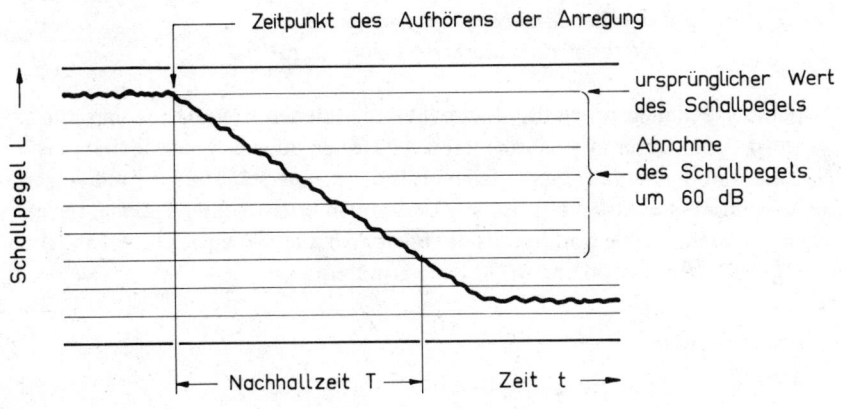

Bild 1. Die Nachhallzeit.

Durch Beobachtung und durch logische Überlegung kommt man zu der Erkenntnis, daß die Nachhallzeit erstens von der akustischen Beschaffenheit der Raumbegrenzungsflächen, also von ihrer Schallschluckung, zweitens von der Größe des Raumes, also vom Raumvolumen abhängen muß.

Unter Schallschluckung, *Schallabsorption*, versteht man die Eigenschaft einer Fläche – z. B. Teppich, Vorhang, Putz, Glaswolle-Matten usw. – den Schall mehr oder weniger zu schlucken, zu absorbieren. Ein Maß für die Größe der Schallabsorption ist der Schallschluck- oder Schallabsorptionsgrad a. Darunter versteht man das Verhältnis

$$a = \frac{\text{von einer Fläche absorbierte Schalleistung}}{\text{auf die Fläche auftreffende Schalleistung}}$$

a wird als eine Zahl von 0 bis 1, oder in Prozent von 0 bis 100 angegeben.

Den Zusammenhang zwischen den einzelnen Größen beschreibt die sogenannte Sabine'sche Nachhallgleichung

$$T = 0{,}163 \cdot \frac{V}{a \cdot S}$$

Hierin bedeuten: T die Nachhallzeit in Sekunden
V das Raumvolumen in m^3
a den Schallabsorptionsgrad als Zahl
S die schallabsorbierende Fläche in m²

Da jedoch der Schallabsorptionsgrad a bei verschiedenen Frequenzen verschieden groß ist — die Materialien absorbieren die Höhen anders als die Tiefen — ist die Nachhallzeit T ebenfalls nicht gleich groß bei den verschiedenen Frequenzen. Dieses Verhalten wird üblicherweise in Kurvenform oder in einer Tabelle, bei genormten Frequenzen (sie sind jeweils die Mittenfrequenzen eines Oktavbands) von 125, 250, 500, 1000, 2000 und 4000 Hz, dargestellt.

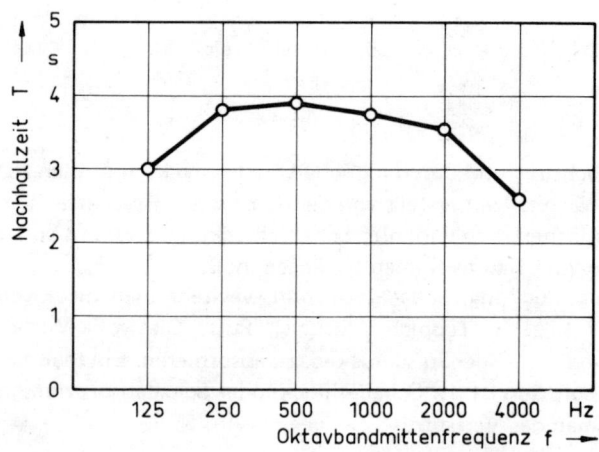

Bild 2. Frequenzabhängigkeit der Nachhallzeit.
Als Beispiel: Thomaskirche Leipzig, leer.

12

Bild 2 zeigt als Beispiel die Frequenzabhängigkeit der Nachhallzeit der Thomas-kirche Leipzig in leerem Zustand. Auf die waagerechte Achse ist die Frequenz in Hertz aufgetragen: 125 Hz entsprechen einem tiefen, 4000 Hz einem hohen Ton. Die senkrechte Achse trägt die Nachhallzeit in Sekunden. Die Kurve zeigt, daß die Nachhallzeit bei mittleren Frequenzen, im 500 Hz-Oktavbereich am längsten ist — sie beträgt 3,9 s — und bei den hohen Frequenzen, im 4000 Hz-Oktavbereich am kürzesten, 2,6 s.

Nach diesen Betrachtungen wirft sich die Frage auf: Was ist überhaupt gut oder günstig in einer Kirche, eine lange oder eine kurze Nachhallzeit? Oder gibt es so etwas wie eine optimale Nachhallzeit?

Diese Frage ist zwar zu beantworten: Es gibt eine anzustrebende, eine optimale Nachhallzeit. Aus dem nachfolgenden Grund ergeben sich jedoch zwei optimale Nachhallzeiten in einer Kirche. Mit Hilfe von vielen Untersuchungen und Mes-sungen hat man festgestellt, daß die optimalen Nachhallzeiten je nach Volumen des Raumes und je nach Art der Darbietungen — Sprache, Kirchenmusik, Kam-mermusik, usw. — unterschiedlich sind.

Zur subjektiven Beurteilung der Bedeutung der Nachhallzeit für das akustische Geschehen im Kirchenraum sind von kirchenmusikalischer Seite folgende Hin-weise gegeben worden:

Nachhallzeit zu kurz:

Der Klangeindruck bleibt zwar bei beschleunigtem Spieltempo klar und durch-sichtig. Der Klang selbst ist jedoch trocken, fällt auseinander, da eine gewisse Halligkeit des Raumes fehlt. Daher ist ein besonders sorgfältiges Legato-Spiel, insbesondere Akkord-Legato, erforderlich. Dennoch wirkt der Klang flächig und steht nicht im Raum.

Die Silbenverständlichkeit ist im allgemeinen gut. Die Sprache gibt sich jedoch im Sinne eines hörsaalähnlichen, sachlichen „Kathedertones".

Nachhallzeit richtig, d. h. ausreichend lang:

Auch ohne das Spieltempo nennenswert zu verlangsamen, ergibt sich eine hinrei-chende Durchsichtigkeit der Figurik. Die Chormitglieder können sich gegensei-tig noch gut hören. Der Klang wirkt räumlich, der Hörer fühlt sich auch als mit-singendes Gemeindemitglied in ein Raumklangerlebnis eingebettet, da er den Klang als „im Raum stehend" empfindet.

Die Silbenverständlichkeit ist bei klarer Sprechtechnik auch ohne elektroakusti-sche Anlage noch durchaus befriedigend, wobei der Worteindruck „lebendig" bleibt.

Nachhallzeit zu lang:

Das Klangbild bleibt verwaschen und die Figurik ist nur noch schwer verfolgbar, auch wenn der Spieler sich eines gemäßigten Tempos und einer übertriebenen Artikulation befleißigt. Die Chormitglieder können sich gegenseitig kaum noch klar hören und kontrollieren. Ein halbwegs brauchbares Raumklangerlebnis ist nur noch in der Nähe der Schallquelle möglich. In größerer Entfernung, z. B. im Altarraum, hört man einen ,,Klangbrei''. Eine vollbesetzte Kirche gibt dabei nur eine leichte Besserung.

Eine Silbenverständlichkeit ist ohne sorgfältig geplante elektroaktustische Anlage nicht mehr gegeben.

Eine Kirche sollte sich also im Idealfall für zweierlei Art von Darbietungen akustisch eignen:

1. für Orgelmusik, Chor- und Gemeindegesang, Gemeinschaftsgebet, und

2. für das gesprochene Wort eines Redners.

Dies bedeutet für die optimalen Nachhallzeiten jedoch gegensätzliche Forderungen.

Angaben aus der bisherigen Literatur über optimale Nachhallzeiten für Kirchenmusik und Sprache sind in Bild 3 in zwei Streubereiche zusammengefaßt. Es handelt sich hier um Nachhallzeiten in Abhängigkeit vom Raumvolumen bei mittle-

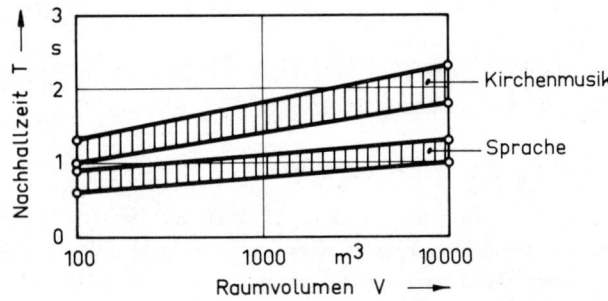

Bild 3. Streubereiche der optimalen Nachhallzeiten
nach Literaturangaben, in Abhängigkeit
vom Raumvolumen, bei 500...1000 Hz, besetzt.

ren Frequenzen (500 bis 1000 Hz) für aen besetzten Raum. Das Raumvolumen ist dabei in Kubikmetern auf die waagerechte Achse aufgetragen, auf die senkrechte die Nachhallzeit in Sekunden. Die schraffierten Bereiche sind so zu verstehen, daß z. B. in einer Kirche mit einem Raumvolumen von 1000 m³ die Nachhallzeit für Kirchenmusik zwischen 1,4 und 1,8 Sekunden und für Sprache zwischen 0,8 und 1,1 Sekunden liegen sollte.

Es zeigte sich jedoch — zahlreiche Äußerungen aus dem Kreis der Zuständigen: Kirchenmusiker, Chorleiter, Orgelbauer, Tonmeister und Toningenieure —, daß die in der Literatur als optimal angegebenen Nachhallzeiten für die Praxis zu niedrig liegen. Dieses allgemeine Meinungsbild wurde durch eine Vielzahl von eigenen Nachhallzeitmessungen und subjektiven Beurteilungen in verschiedenen Kirchen untermauert:

Bild 4 zeigt die aus diesen Messungen abgeleiteten Streubereiche der anzustrebenden, optimalen Nachhallzeiten für Kirchenmusik und Sprache, in Abhängigkeit vom Raumvolumen. Die Darstellung gilt ebenfalls für mittlere Frequenzen (500 bis 1000 Hz) und für den besetzten Raum.

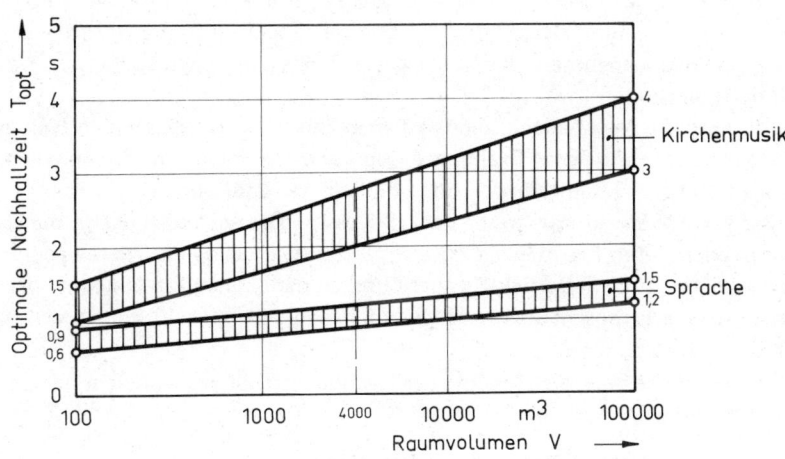

Bild 4. Streubereiche der optimalen Nachhallzeiten in Abhängigkeit vom Raumvolumen, bei 500...1000 Hz, besetzt.

15

Wie aus der Darstellung ersichtlich, ist die optimale Nachhallzeit für Kirchenmusik rund doppelt so lang wie für Sprache. Aus dieser Tatsache ist für die Praxis die Konsequenz zu ziehen, daß für die raumakustische Planung einer Kirche die Vorentscheidung der Gemeinde erforderlich ist, ob der Kirchenmusik oder dem gesprochenen Wort — allerdings im Sinne eines hörsaalähnlichen, sachlichen „Kathedertones" — der Vorzug gegeben werden soll.

Die Möglichkeit der praktischen Kompromißlösung besteht darin, die Nachhallzeit zwar für Kirchenmusik auszulegen, eine zufriedenstellende Silbenverständlichkeit jedoch durch Realisierung folgender Punkte zu erreichen:

a. Schallführung mit Hilfe von schallreflektierenden Flächen hinter und über der Kanzel, bzw. dem Sprecher (bauliche, raumakustische Maßnahmen).

b. Deutliches, gut artikuliertes, jedoch unpathetisches Sprechen (Sache der Sprechtechnik — Sache des Lernens und der Übung).

c. Benutzung einer wohlabgewogenen elektroakustischen Anlage (nachträgliche, jedoch von der Raumakustik abhängige Maßnahme).

Es erhebt sich nun weiterhin die Frage: Wie soll die anzustrebende Frequenzabhängigkeit der optimalen Nachhallzeit verlaufen?

Ist die Nachhallzeit bei den tiefen Frequenzen viel länger als bei den mittleren und hohen — bleiben also die tiefen Töne viel länger im Raum stehen — so ergibt das einen unangenehmen „Kellerklang", wie dies bei großen steinernen Kirchen oft der Fall ist.

Ist dagegen die Nachhallzeit bei den Tiefen ähnlich kurz wie bei den Höhen, verglichen mit den mittleren Frequenzen, so kann das unter Umständen zu einem etwas farblosen Gesamtklang — ohne Fülle in der Baßlage — führen.

Aus diesen Überlegungen ergibt sich, daß es am günstigsten ist, wenn die Nachhallzeit bei den tiefen Frequenzen etwa so lang ist wie bei den mittleren (oder auch etwas kürzer, z. B. in Barock-Kirchen) und zu den Höhen hin langsam abfällt. Das Beschriebene veranschaulicht, für einen Raum mit dem Volumen von etwa 4000 m³, Bild 5.

Das Wesentliche über die Messung der Nachhallzeit sei schließlich anhand von Bild 6 erläutert.

Der Raum, in dem die Nachhallzeit gemessen werden soll, wird akustisch angeregt. Das kann entweder durch einen Pistolenschuß oder durch Breitband- oder Schmalbandrauschen geschehen, das mit Hilfe einer elektroakustischen Anlage, bestehend aus Rauschgenerator, Leistungsverstärker und Lautsprecherbox, erzeugt wird.

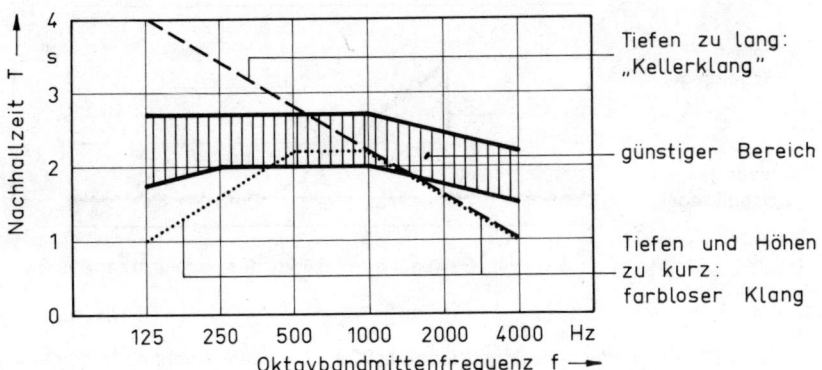

Bild 5. Günstiger Nachhallzeitverlauf in Abhängigkeit
von der Frequenz. Raumvolumen 4000 m³, besetzt.

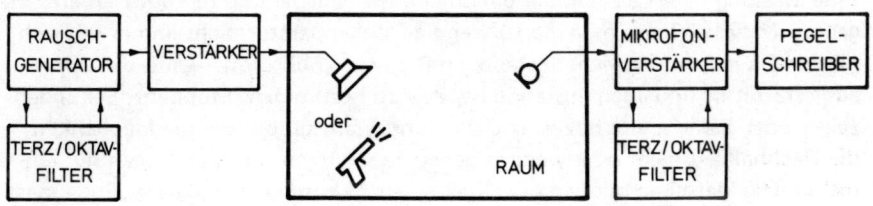

Bild 6. Geräteanordnung zur Messung der Nachhallzeit.

Der Schallpegelabfall wird nach Abschalten der Anregung mit einem Meßmikrofon aufgenommen und über den Mikrofonverstärker mit Terz/Oktavfilter dem Pegelschreiber zugeführt. Der Pegelschreiber registriert mit einem Saphirstift auf einem mit konstanter Geschwindigkeit bewegten Wachspapier den Verlauf des Schallpegels. Ein Beispiel für eine solche Aufzeichnung zeigt Bild 7.

Aus der Papiergeschwindigkeit, der Schreibbreite bzw. der Neigung der registrierten Kurve wird dann mit Hilfe einer Auswertescheibe die Nachhallzeit bei ver-

17

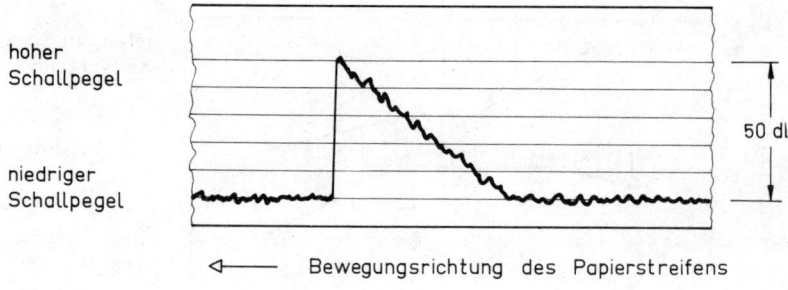

hoher
Schallpegel

niedriger
Schallpegel

50 dl

◄——— Bewegungsrichtung des Papierstreifens

Bild 7. Registrierter Schallpegelverlauf bei der Nachhallzeitmessung.

schiedenen Frequenzen ermittelt. (In der Praxis wird eine Schreibbreite von nur 50 dB anstatt 60 dB verwendet und eine Strecke der Nachhallkurve zwischen −5 und −35 dB zur Auswertung herangezogen. Dies sind aber lediglich meßtechnische Einzelheiten, die das Grundsätzliche nicht ändern.)
Eine Messung liefert also immer ein objektives, genaues und reproduzierbares Ergebnis. Natürlich kann man die aufwendige Meßapparatur nicht immer mit sich führen. Da jedoch der Mensch ständig mit einem „Mikrofon" − mit dem Ohr − ausgestattet ist und auch imstande ist, Zeit zu bestimmen (Stoppuhr, Sekundenzeiger oder Zählen: einundzwanzig, zweiundzwanzig), besteht die Möglichkeit, die Nachhallzeit mehr oder weniger genau zu schätzen. Dazu muß man nur einmal kräftig klatschen oder an der Orgel einen Akkord ertönen lassen. Sodann ist die Zeit zu beobachten, die vergeht, bis der Schall im Raum abgeklungen ist. Diese Zeit ergibt die geschätzte Nachhallzeit.
Wenn in dieser Arbeit von der Nachhallzeit die Rede ist, so ist damit immer die objektiv gemessene Nachhallzeit gemeint. Obwohl die Zusammenhänge recht kompliziert sind und von mehreren Faktoren abhängen, kann man zur Frage objektive/subjektive − gemessene/geschätzte Nachhallzeit vereinfachend feststellen, daß der Mensch dazu neigt, gemessen kurze Nachhallzeiten als zu lang und gemessen lange Nachhallzeiten als zu kurz einzuschätzen.

Außer vom Raumvolumen hängt die Nachhallzeit besonders von der Schallabsorption der Raumbegrenzungsflächen ab − Sabine'sche Nachhallgleichung. Nach dem physikalischen Funktionsprinzip kann die Schallabsorption durch eine Fläche auf dreierlei Art und Weise erfolgen.

18

1. Bei den *porösen Absorbern* dringt der Schall in ein Labyrinth von Fädchen und Fasern ein. Hier wird die Luftbewegung infolge Reibung an den Fasern in Wärme umgesetzt.

   Beispiele für poröse Absorber sind: Mineralwolle, Teppichboden, Vorhänge, Textilien, offenporiger Schaumstoff, Spezial-Akustikputz.

   Den typischen Verlauf des Schallabsorptionsgrades zeit für poröse Absorber in Abhängigkeit von der Frequenz, Bild 8.

   Ein Ausführungsbeispiel für die Realisierung ist auf Bild 9 dargestellt.

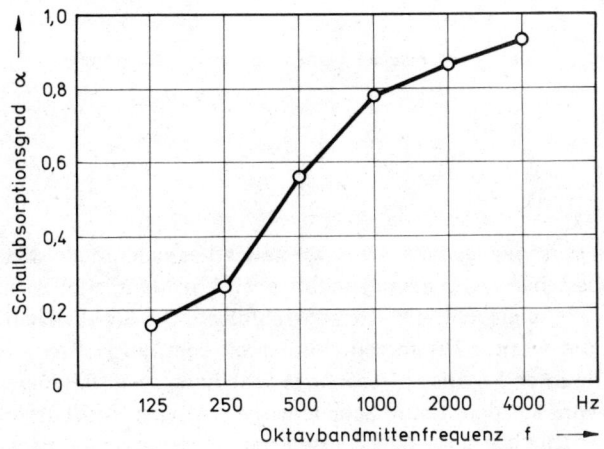

Bild 8. Typischer Verlauf des Schallabsorptionsgrades bei porösen Absorbern.

2. Die *Resonanzabsorber* sind Helmholtz-Resonatoren. Sie bestehen aus einem ringsum abgeschlossenen Luftraum, der nur durch loch- oder schlitzförmigen Öffnungen mit der Umgebung verbunden ist. Solch ein Gebilde hat bei einer bestimmten Frequenz eine sogenannte Resonanz und entzieht — absorbiert — bei dieser Frequenz Schallenergie aus dem Raum. Auf Lattenrost angebrachte Lochplatten, Schlitzplatten, Kugeln oder Halbkugeln mit Bohrungen sind Beispiele für solche Resonanzabsorber.

Bild 9. Ausführungsbeispiel eines porösen Absorbers.

3. Bei einem *mitschwingenden Absorber* handelt es sich um ein schwingfähiges Gebilde, bestehend aus einem geschlossenen Luftraum, zum Raum hin mit einer dünnen, ungelochten Platte abgeschlossen. Die Schallwellen bewegen diese Platte, die — unter Zusammenwirkung mit dem Luftpolster — ebenfalls bei einer bestimmten Frequenz Resonanzerscheinung zeigt. Bei dieser Resonanzfrequenz wird aus dem Raum Schallenergie entzogen. Auf Lattenrost angebrachte, ungelochte Holz- oder Gipsplatten, Wandschränke, Fensterflächen, Holzpodeste stellen mitschwingende Absorber in der Praxis dar.
Der typische Verlauf der Schallabsorption, sowohl für Resonanz- als auch für mitschwingende Absorber, ist auf Bild 10 gezeigt.
Bild 11 zeigt Ausführungsbeispiele für Resonanz- bzw. für mitschwingende Absorber.

Vergleicht man die Schallabsorption der erwähnten Absorber miteinander, so kann man feststellen, daß sich poröse Absorber hauptsächlich als Mitten- und Höhenschlucker, Resonanz- und mitschwingende Absorber — bei geeigneter Dimensionierung — vorwiegend als Tiefen- und Mittenschlucker eignen. Um eine breitbandige Schallschluckung zu erreichen, bzw. um in bestimmten Frequenzgebieten jeweils die erforderliche Schallschluckung zu realisieren, verwendet man üblicherweise alle drei Absorberarten nebeneinander, miteinander kombiniert.

20

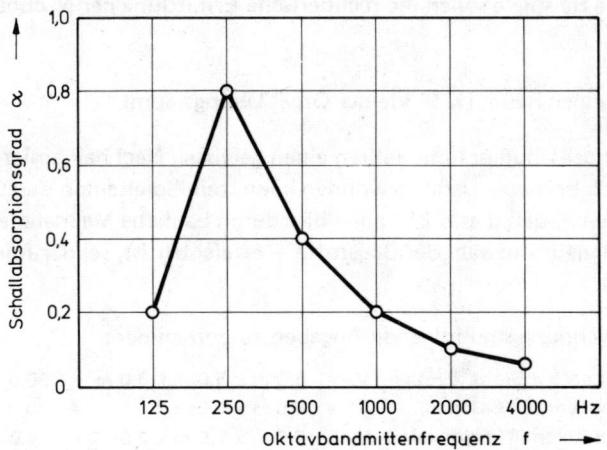

Bild 10. Typischer Verlauf des Schallabsorptionsgrades
bei Resonanz- und mitschwingenden Absorbern.

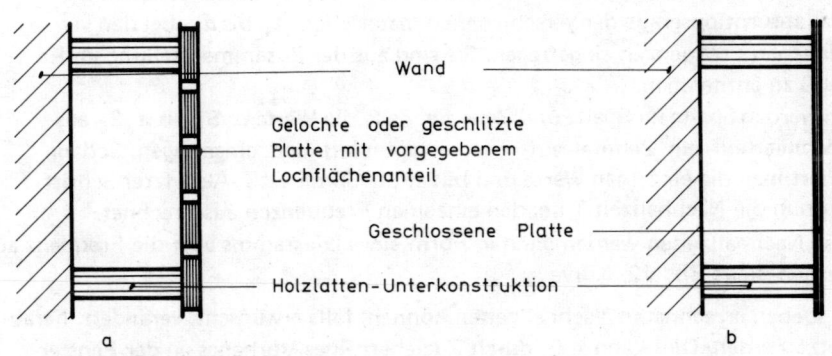

Wand

Gelochte oder geschlitzte
Platte mit vorgegebenem
Lochflächenanteil

Geschlossene Platte

Holzlatten-Unterkonstruktion

a   b

Bild 11. Ausführungsbeispiele für Resonanzabsorber (a) und für
mitschwingenden Absorber (b).

21

Einige einfache Beispiele sollen die rechnerische Ermittlung der Nachhallzeit veranschaulichen.

Beispiel 1: Kleiner Raum (z. B. kleiner Orgel-Übungsraum)

Auch kleine Orgel-Übungsräume sollten einen gewissen Nachhall besitzen, damit der Übende sich beizeiten daran gewöhnen kann, sein Spieltempo darauf einzustellen. Als Beweis, daß dieses Ziel auch hier durch bauliche Maßnahmen — insbesondere geeignete Auswahl der Baustoffe — erreichbar ist, sei der folgende Fall vorgestellt.

Aus der Bauzeichnung sind folgende Angaben zu entnehmen:

Raumvolumen (Länge x Breite x Höhe)	$V =$	6,0 m x 5,0 m x 3,0 m	$=$	90,0 m³
Fläche des Fußbodens (PVC-Boden)	$S_1 =$	6,0 m x 5,0 m	$=$	30,0 m²
Gesamtfläche der Türen (Tischlerplatte)	$S_2 =$	2,0 m x 1,0 m x 2 St.	$=$	4,0 m²
Gesamtfläche des durchgehenden Fensterbandes an der Längswand (Glasscheiben)	$S_3 =$	6,0 m x 2,0 m	$=$	12,0 m²
Fläche je einer Stirn- und Längswand abzüglich Türflächen (massive Holzvertäfelung)	$S_4 =$	5,0 m x 3,0 m + 6,0 m x 3,0 m -4,0 m²	$=$	29,0 m²
Fläche einer Stirnwand und des Längswandstreifens unter dem Fensterband, Deckenfläche (Kalkzementputz)	$S_5 =$	5,0 m x 3,0 m + 6,0 m x 1,0 m + 6,0 m x 5,0 m	$=$	51,0 m²

Nachdem diese Werte ermittelt wurden, werden in eine Tabelle zunächst die Schallabsorptionsgrade der verschiedenen Materialien, a_1 bis a_5, bei den verschiedenen Frequenzen eingetragen. Sie sind aus der Zusammenstellung im Kapitel 9 zu entnehmen.

Nun werden Spalte für Spalte und Zeile für Zeile die Werte $a_1 S_1$ bis $a_5 S_5$ ausgerechnet (auf ein Zehntel auf- oder abgerundet) und eingetragen. Sodann addiert man die einzelnen Werte und bildet die Summe aS. Als letzter Schritt wird nun die Nachhallzeit T bei den einzelnen Frequenzen ausgerechnet.

Diese Nachhallzeiten werden dann in Form eines Diagramms über die Frequenz aufgetragen, siehe Bild 12, Kurve a.

Die soeben errechneten Nachhallzeiten können, falls erwünscht, verändert, herabgesetzt werden. Dies kann z. B. durch Zuziehen eines Vorhangs an der Fensterwand (Leinen, ca. dreifache Faltung) geschehen. Ohne dabei die ganze Berechnung noch einmal zu zeigen, seien hier nur die veränderten Nachhallzeiten angegeben und in Bild 12 als Kurve b eingezeichnet.

Fläche, Material		1 25	250	500	1000	2000	4000
Fußboden PVC auf Beton	a_1	0,01	0,02	0,01	0,03	0,05	0,05
$S_1 = 30,0\ m^2$	$a_1 S_1$	0,3	0,6	0,3	0,9	1,5	1,5
Türen Holz	a_1	0,10	0,11	0,10	0,08	0,08	0,11
$S_2 = 4,0\ m^2$	$a_2 S_2$	0,4	0,4	0,4	0,3	0,3	0,4
Fenster Glasscheiben	a_3	0,20	0,15	0,10	0,05	0,03	0,02
$S_3 = 12,0\ m^2$	$a_3 S_3$	2,4	1,8	1,2	0,6	0,4	0,2
Stirn- und Längs- wand Holzvertäfelung	a_4	0,10	0,11	0,10	0,08	0,08	0,11
$S_4 = 29,0\ m^2$	$a_4 S_4$	2,9	3,2	2,9	2,3	2,3	3,2
Stirnwand, Längs- wandstreifen, Decke Kalkzementputz	a_5	0,02	0,02	0,03	0,04	0,05	0,05
$S_5 = 51,0\ m^2$	$a_5 S_5$	1,0	1,0	1,5	2,0	2,5	2,5
	$\Sigma\, aS$	7,0	7,0	6,3	6,1	7,0	7,8
$T = 0,163\,\dfrac{V}{\Sigma\, aS}$ in s		2,1	2,1	2,3	2,4	2,1	1,9

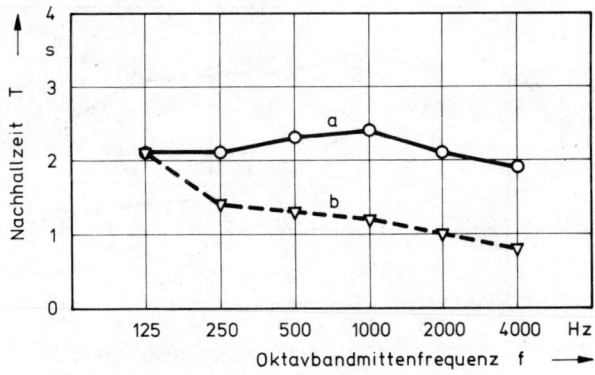

Bild 12. Nachhallzeitverlauf. Kurve a : ohne Vorhang,
Kurve b : mit Vorhang.

Beispiel 2: Mittelgroßer Raum (z. B. großer Orgel-Unterrichtsraum einer Musik-
hochschule)

Der Raum soll für eine Orgel mit III/30 Registern und für ca. 70 Zuhörer Platz
bieten.

Die Angaben zur inneren Raumgestaltung sind:

Raumvolumen (Länge x Breite x Höhe)	V =	13,0 m x 9,0 m x 7,5 m	= 878,0 m³
Fläche des Fußbodens (Parkett)	S_1 =	13,0 m x 9,0 m	= 117,0 m²
Gesamtfläche der Türen (Tischlerplatte)	S_2 =	2,0 m x 2,0 m x 2 St.	= 8,0 m²
Gesamtfläche des Fensterbandes an der Längswand (Glasscheiben)	S_3 =	10,0 m x 2,0 m	= 20,0 m²
Gesamtfläche der Stirnwände (Vollziegelmauerwerk, unverputzt)	S_4 =	9,0 m x 7,5 m x 2	= 135,0 m²
Fläche der restlichen Längswände abzüglich Tür- und Fensterflächen (Kalkzementputz)	S_5 =	13,0 m x 7,5 m x 2 -28,0 m²	= 167,0 m²
Deckenfläche (massive Holzvertäf.)	S_6 =	13,0 m x 9,0 m	= 117,0 m²
Holzgestühl, unbesetzt (Sperrholz)			70 St.

Nun erfolgt, wie am Beispiel 1 ausführlich dargestellt, die Berechnung der
Nachhallzeiten bei den einzelnen Frequenzen. Bild 13 zeigt die Ergebnisse der
Berechnung, und zwar für den leeren (Kurve a) und für den mit 70 Personen
besetzten Raum (Kurve b).

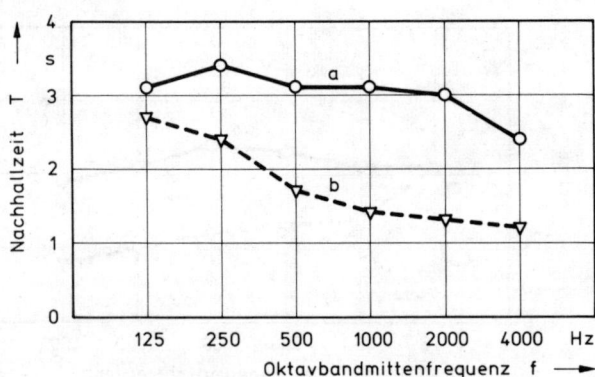

Bild 13. Nachhallzeitverlauf. Kurve a: leer,
Kurve b: 70 Personen.

Beispiel 3: Großer Raum (z. B. Kirchenraum mit ca. 400 Sitzplätzen)

Abmessungen und Innengestaltung sind wie folgt:

Raumvolumen (Länge x Breite x Höhe)	$V =$	24,0 m x 14,0 m x 12,0 m =	4032,0 m^3
Fläche des Fußbodens (Marmor)	$S_1 =$	24,0 m x 14,0 m =	336,0 m^2
Gesamtfläche der Türen und einer Längswand (Glas)	$S_2 =$	8,0 m x 3,0 m + 24,0 m x 12,0 m =	312,0 m^2
Gesamtfläche beider Stirnwände und einer Längswand, abzüglich Türflächen (Vollziegelmauerwerk, unverputzt)	$S_3 =$	14,0 m x 12,0 m x 2 + 24,0 m x 12,0 m - 8,0 m x 3,0 m =	600,0 m^2
Deckenfläche (Gipskartonplatten, 9,5 mm dick, gelocht, Lochflächenanteil 6%, Luftraum 200 mm)	$S_4 =$	24,0 m x 14,0 m =	336,0 m^2
Holzgestühl, unbesetzt (Sperrholz)			400 St.

Das Ergebnis der Nachhallzeitberechnung zeigt Bild 14.
Kurve a gilt für den leeren, Kurve b für den mit 400 Personen besetzten Raum.

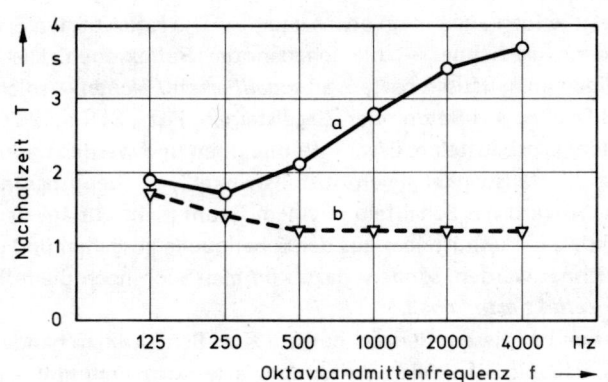

Bild 14. Nachhallzeitverlauf. Kurve a: leer,
Kurve b: 400 Personen.

Diese Beispiele sind nur als Rechenbeispiele dafür anzusehen, wie die Nachhallzeit ermittelt wird. Je nach Wahl der Baustoffe sind auch andere Kurvenverläufe zu erzielen.

2.2 Ausbreitung und Reflexion von Schallwellen im Raum, Diffusität

Die von einer Schallquelle — z. B. vom Mund eines Sprechers, von einer Orgel-
pfeife oder einem Lautsprecher — ausgehenden Schallwellen werden den Zuhörer auf verschiedenen Wegen und zu verschiedenen Zeiten erreichen. Zur
vereinfachten Darstellung der Verhältnisse diene Bild 15.

Es stellt den Längsschnitt eines rechteckförmigen Raumes dar. Im Punkt S
befindet sich die Schallquelle, Punkt E stellt den Empfänger, z. B. einen Zuhörer, dar. Bekanntlich breitet sich Schall im Raum kugelförmig aus, wenn
die Schallquelle als punktförmig angenommen werden kann. Diese Tatsache —
also praktisch die Schallwellen — wird mit den konzentrischen Kreisen um
den Punkt S dargestellt. Das Bild ist sozusagen eine Momentaufnahme des
Schallfeldes im Raum, wenn man sich vorstellt, daß die Schallwellen sichtbar
gemacht wurden.

In dem Zeitpunkt, als die erste — dick ausgezogene — Schallwelle gerade den
Punkt E, den Empfänger, erreicht hat, befindet sich die zweite — gestrichelte
— etwa auf halber Entfernung.

Das Bild zeigt jedoch auch noch etwas anderes: Die reflektierten Schallwellen
— jeweils dünn gezeichnet —, die sogenannten Reflexionen. Die Schallwellen erleiden an akustisch harten, an *schallharten Flächen* — solche sind
Wände und Decken aus Beton oder Ziegelsteinen, Putz, Stein-, PVC- oder
Parkettböden, Glasbausteine, usw. — Reflexionen und werden dadurch, nach
dem Gesetz „Einfallswinkel gleich Ausfallswinkel", zu Richtungsänderungen
gezwungen. So wird das Schallfeld in einem Raum nicht nur aus den Kugelwellen gebildet, die unmittelbar aus der Schallquelle ausgehen und als *Direktschall* bezeichnet werden, sondern dazu kommen auch noch die reflektierten
Wellen, der *reflektierte Schall*.

Obwohl es sich bei diesem Beispiel nur um zwei Schallwellen handelte, zeigt
sich bereits, daß das Schallfeld eine komplizierte Form annimmt. In der Tat
ist es jedoch so, daß aus der Schallquelle fortdauernd neue Schallwellen ausgehen, sich im Raum ausbreiten und viele Reflexionen erleiden. Das so entstandene komplizierte Schallfeld läßt sich zeichnerisch nicht mehr übersicht-
lich darstellen.

Für die Praxis ist es aber wichtig, bereits anhand von Zeichnungen — Grundriß, Schnitte — brauchbare Auskünfte über die zu erwartende Schallverteilung
in einem Raum zu erhalten. Dabei muß man ersehen können, wo unerwünschte
Schallkonzentrationen, Echos oder eine ungenügende Schallversorgung zu er-
warten sind. Deshalb ging man dazu über, die Schallwellen nicht mehr durch

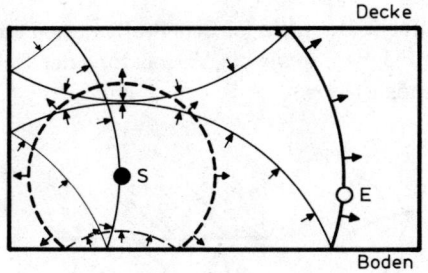

Bild 15. Ausbreitung von Schallwellen im Raum.
S: Schallquelle, E: Empfänger.

kugelförmige — auf der Zeichnung kreisförmige — Wellenfronten darzustellen, sondern durch *Schallstrahlen,* die die Radien der Kugelwellen darstellen und die Ausbreitungsrichtung anzeigen, siehe Bild 16 a und b.

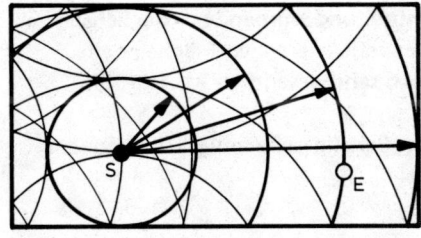

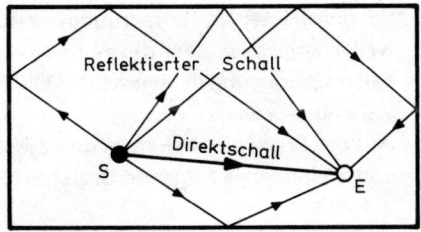

Bild 16 a. Darstellung der Schallausbreitung im Raum mit
Wellenfronten.

Bild 16 b. Darstellung der Schallausbreitung im Raum mit
Schallstrahlen.

27

Bild 17 zeigt einfache Beispiele für Schallreflexionen an ebenen und gekrümmten schallharten Flächen, sowie die Vermeidung der Reflexion durch eine schallabsorbierende Fläche.

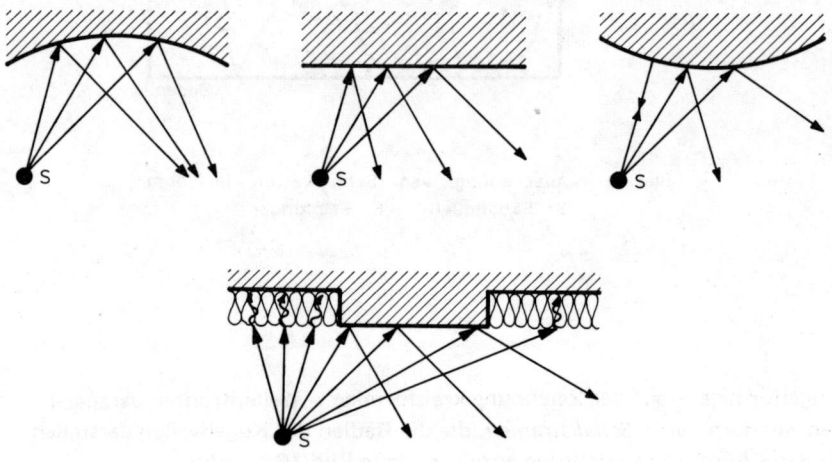

Bild 17.   Schallreflexionen an schallharten Flächen   Vermeidung der Schallreflexion durch eine schallabsorbierende Fläche.

Bei der bisherigen Betrachtung der Schallausbreitung wurden über die Schallwellenlänge bzw. über die Abmessungen einer reflektierenden Fläche noch keine Überlegungen angestellt. Daß das jedoch sehr wesentlich ist, sei nachstehend erörtert.

Aus der Physik ist bekannt, daß zwischen der Schallgeschwindigkeit, Frequenz und Wellenlänge folgende Beziehung besteht:

$$c = \lambda \cdot f$$

Dabei ist: c   die Schallgeschwindigkeit in m/s (in der Luft rund 340 m/s
bei t = 20° C),

λ die Schallwellenlänge in m,

f   die Frequenz in 1/s oder Hz.

28

Zur schnellen Orientierung merke man:

Bei einer Frequenz von f $=$ 100 Hz ist die Wellenlänge λ = 3,4 m

f $=$ 1000 Hz λ = 34 cm

f $=$ 10000 Hz λ = 3,4 cm.

Ferner ist ebenfalls aus der Physik bekannt, daß Wellen — also auch Schallwellen — nur von solchen Hindernissen oder Flächen reflektiert werden, deren Abmessungen gleich oder größer sind als die Wellenlänge.
Daher ist leicht einzusehen, daß z. B. eine Fläche mit den Abmessungen von 1 m x 1 m zwar für die mittleren und hohen Frequenzen — mit Wellenlängen von ca. 2 bis 100 cm — eine reflektierende Fläche darstellt, nicht jedoch für die tiefen Frequenzen — mit Wellenlängen von ca. 2 bis 5 m. Andererseits ist zu vergegenwärtigen, daß für sehr hohe Frequenzen bereits eine relativ kleine Fläche von z. B. 10 cm x 10 cm ein Hindernis, eine reflektierende Fläche, darstellt.
Diese Vorbetrachtungen waren erforderlich, um folgendes zu verstehen: Es muß nicht besonders begründet werden, daß das Ziel der Schallversorgung ist, die Zuhörer gleichmäßig mit Schall zu versehen, also Schallkonzentrationen und Echos, sowie Stellen, die mit Schall unzureichend versorgt sind, zu vermeiden. Man versucht also im Raum ein gleichmäßiges, aus Direktschall sowie aus Reflexionen aller Richtungen zusammengesetztes, ein *diffuses Schallfeld* zu erzeugen. Um jedoch sowohl bei den tiefen als auch bei den mittleren und hohen Frequenzen eine ausreichende Gleichmäßigkeit, *Diffusität* des Schallfeldes zu erreichen, müssen die Raumbegrenzungsflächen sowohl für die tiefen als auch für die mittleren und hohen Frequenzen eine ausreichende Auflockerung, eine sogenannte *grobe und feine Gliederung* aufweisen.
In der praktischen Ausführung bedeutet dies eine Auflösung der großen, ebenen Flächen in Flächen unterschiedlicher Neigung oder Tiefe in der Größenordnung von einigen Quadratmetern, die wiederum in sich zusätzlich fein unterteilt sein sollen, z. B. in Form von Sägezähnen, Pyramiden, Kugelkalotten, Zylinderflächen, usw. Bild 18 zeigt Beispiele für mögliche grobe und feine Gliederung von schallreflektierenden Raumbegrenzungsflächen.
Im barocken Kirchenraum übernehmen reiche Ausstattung, Stuckierung, Nischen, Vorsprünge, Verzierungen, usw. diese Aufgabe, ohne daß man sich bereits damals ihres wissenschaftlich begründbaren Einflusses auf die gute Hörsamkeit bewußt zu sein brauchte.

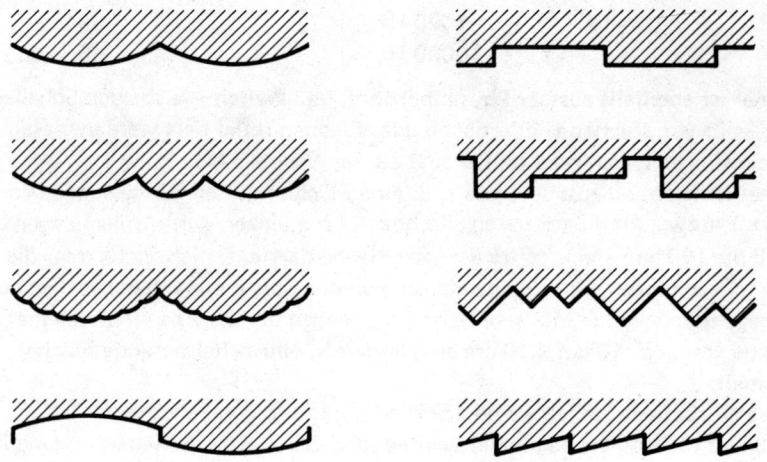

Bild 18.   Beispiele für grobe und feine Gliederung von Raumbegrenzungsflächen.

2.3 Kritischer Laufzeitunterschied, Echo, Silbenverständlichkeit

Wie bereits erörtert, ist die Nachhallzeit ein sehr wichtiges Kriterium für die gute Hörsamkeit eines Raumes. Sie ist jedoch nicht das einzige Kriterium. Durch Untersuchungen wurde eine Eigenart des menschlichen Gehörs festgestellt, die im allgemeinen unter der Bezeichnung „Haas-Effekt" bekannt ist. Diese Eigenart besteht darin, daß das Ohr Schallanteile, die innerhalb eines Zeitabstands von ca. 1/20 s — das sind 50 ms — nach Eintreffen der ersten Wellenfront (das sind die ersten Schallimpulse) bei ihm eintreffen, nicht getrennt wahrnimmt, sondern durch eine Art Integration dazu benutzt, den Lautstärkeeindruck und die Verständlichkeit der Information zu erhöhen.

Schallanteile, die in einem Zeitraum von ca. 1/20 bis 1/10 s — also zwischen 50 und 100 ms — nach Eintreffen der ersten Wellenfront das Ohr erreichen, führen zur Verwischung des klaren Schalleindruckes. Schallanteile, die nach ca. 1/10 s — nach 100 ms — eintreffen, sind deutlich als Echos hörbar.

Es gibt also eine ganz bestimmte Zeit, nämlich *50 ms*, innerhalb welcher Schallanteile erwünscht, außerhalb welcher diese unerwünscht sind. Man nennt deshalb diese Zeitdifferenz den *kritischen Laufzeitunterschied*. Der Ausdruck Laufzeitunterschied deutet darauf hin, daß der Schall eine Laufzeit braucht, um, entsprechend seiner Ausbreitungsgeschwindigkeit, von der Schallquelle zum Ohr zu gelangen. Je nach Länge der Umwege, die die später eintreffenden Schallanteile — z. B. durch Reflexionen an den Raumbegrenzungsflächen — zurücklegen mußten, entsteht zwischen der Laufzeit des Direktschalls und der des reflektierten Schalls dieser Laufzeitunterschied; siehe hierzu Bild 19.

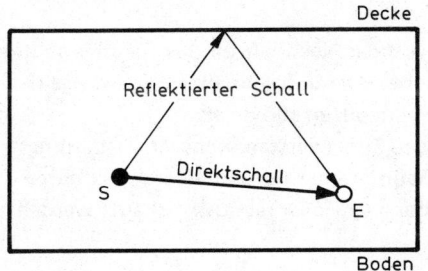

Laufzeit des Direktschalls : T_1
(unmittelbar von S zu E)

Laufzeit des reflekt. Schalls : T_2
(über Deckenreflexion)

Laufzeitunterschied : $\Delta T = T_2 - T_1$

Bild 19. Die Entstehung des Laufzeitunterschieds.
S: Schallquelle, E: Empfänger.

In der Luft beträgt die Schallgeschwindigkeit ca. 340 m/s. Rechnet man den Weg aus, den die Schallwelle in der Zeit von 50 ms zurücklegt, so kommt man auf 17 m. Der kritische *Weglängenunterschied*, die kritische *Wegdifferenz* zwischen Direktschall und Reflexion beträgt also *17 m.*

Will man diese Eigenschaft des Ohrs bei der raumakustischen Gestaltung berücksichtigen, so ergeben sich daraus zwei Konsequenzen:

Erstens: Im Interesse der Erhöhung des Lautstärkeeindrucks und der Verständlichkeit soll man darauf bedacht sein, dem Ohr möglichst viele Schallanteile innerhalb von ca. 50 ms nach Eintreffen des Direktschalls — also mit einer Wegdifferenz von weniger als 17 m — zuzuführen. Da diese Schallanteile in der Regel aus den *ersten Reflexionen* an den Raumbegrenzungsflächen herrühren, kann man allgemein sagen, daß diese Flächen so ausgebildet werden sollen, daß dadurch die ersten Reflexionen begünstigt werden.

Zweitens: Im Interesse der Vermeidung einer Verwischung und Echobildung ist darauf zu achten, daß weitere allzu starke, konzentrierte Rückwürfe, die das Ohr nach ca. 50 ms erreichen würden — also mit einer Wegdifferenz von mehr als 17 m — vermieden werden. Das kann durch geeignete Gestaltung dieser Flächen ebenfalls realisiert werden.

Die *Silbenverständlichkeit* ist ein weiteres Kriterium für die Hörsamkeit in Räumen. Sie gibt prozentual die an einem Zuhörerplatz verstandenen, zusammenhanglos gesprochenen Silben — sogenannte Logatome — an und wird durch einen Test mit Versuchspersonen ermittelt. Je nach den akustischen Verhältnissen ist die Silbenverständlichkeit an verschiedenen Orten des Raumes verschieden. Allgemein wird eine Silbenverständlichkeit von 85% — also bei 100 gesprochenen 85 verstandene Silben — als sehr gut, eine von 75% als gut und eine von 65% als die untere Grenze beurteilt.

Die Silbenverständlichkeit hängt auch von der Nachhallzeit des Raumes ab. Sie nimmt — nach einer geringen Zunahme bei kurzen Nachhallzeiten, infolge des Haas-Effekts — mit der Zunahme der Nachhallzeit rapide ab.

Für die Praxis bedeutet das, daß eine gute Silbenverständlichkeit — allerdings mit ,,Kathedercharakter'' — in einem Raum immer nur auf Kosten der guten Hörsamkeit für Chor- und Gemeindegesang sowie Orgelmusik erkauft werden kann.

3. Einfluß der Raumform auf die Hörsamkeit

Die zu beantwortende Frage ist: Welche Grundregeln dürfen hinsichtlich Form-
gestaltung bei der Neubauplanung nicht außer Acht gelassen werden, und wo
soll man entsprechende korrigierende Maßnahmen bei bereits bestehenden Bau-
ten ansetzen — und warum?
Das Ziel ist: möglichst gleichmäßige Schallversorgung aller Zuhörerplätze, Vermeidung von Schallkonzentrationen, Echos, Flatterechos und stehenden Wellen.
Grundriß und Längsschnitt (Deckenform) des Raumes sind daher nach den Re-
geln der geometrischen Raumakustik sorgfältig zu untersuchen.

Ein *rechteckiger Grundriß* mit glatten schallharten Wänden birgt Gefahren in
sich: Als Folge entsprechend ungünstiger Schallrückwürfe (mit einer Wegdifferenz
von mehr als 17 m — Laufzeitunterschied größer als 50 ms — zwischen Direktschall und Reflexion) werden Echos auftreten, Bild 20 a. Zwischen den parallelen schallharten Flächen bildet sich eine Vielzahl regelmäßiger Rückwürfe, das
sogenannte Flatterecho aus, Bild 20 b. Auch das Entstehen von stehenden
Wellen bei den tiefen Frequenzen — und damit eine ungleichmäßige Schallverteilung — wird begünstigt.

Abhilfe bringt die Unterbindung der Reflexionen durch grobe und feine Aufgliederung der parallelen Flächen, durch Vermeidung von Parallelitäten (Abwei-
chung von jeweils mindestens 5° vom rechten Winkel bzw. trapezförmiger Grundriß) oder durch schallabsorbierende Gestaltung jeweils einer der parallelen Flächen.

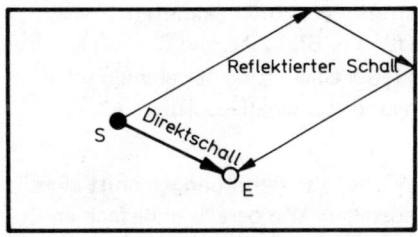

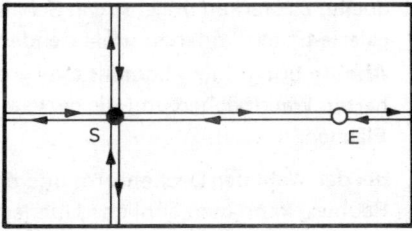

Bild 20 a. Auftreten von Echos bei Weg-
differenzen von mehr als 17 m.

Bild 20 b. Entstehen von Flatterechos
zwischen parallelen Schallharten Flächen.

33

Auch beim diagonal benutzten *quadratischen Grundriß* entsteht infolge ungünstiger Reflexionen eine ungleichmäßige Schallverteilung, Bild 21.
Abhilfe bringt unter Beibehaltung der optisch quadratischen Grundrißform z. B. die Auflösung der ebenen Seitenflächen in Form von Bändern mit der zur Erzielung günstigerer Reflexionen erforderlichen Neigung zur Schallquelle.

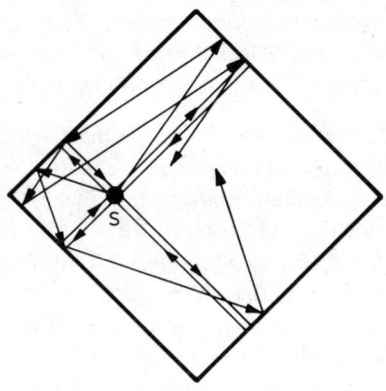

Bild 21. Ungünstige Reflexionen beim diagonal benutzten quadratischen Grundriß.

Ein *kreisförmiger oder vieleckiger Grundriß* kann, je nach Anordnung der Schallquelle, zu starken ungünstigen Schallkonzentrationen, zum bekannten ,,Flüstergalerie-Effekt" oder zu umlaufenden Echos führen, Bild 22 a und b.
Abhilfe bringt hier ebenfalls eine grobe und feine Gliederung der ebenen schallharten Wandflächen und die gezielte Anbringung von schallabsorbierenden Flächen.

Bei der Wahl der Deckenform und der Raumhöhe, also beim Längsschnitt eines Raumes, kann man ähnliche Überlegungen anstellen. Wie bereits mehrfach erwähnt, darf die Wegdifferenz zwischen direktem und reflektiertem Schall maximal 17 m betragen. Andererseits ist bekanntlich der geometrische Ort aller Punkte mit einer konstanten Weglängendifferenz die Ellipse. Eine Ellipse mit dem Weglängendifferenz von 17 m kann aber in den Längsschnitt eines Raumes eingezeichnet werden. Die beiden Brennpunkte der Ellipse sind dann die Schallquelle

34

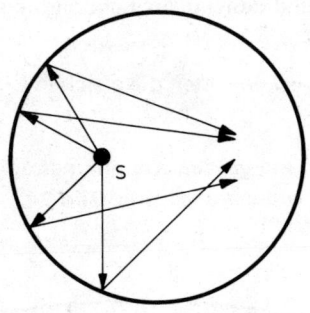

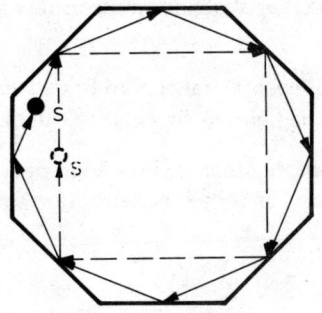

Bild 22 a. Schallkonzentration beim
kreisförmigen Grundriß.

Bild 22 b. Flüstergalerie-Effekt und
umlaufendes Echo beim
vieleckigen Grundriß.

bzw. der zu untersuchende Zuhörerplatz. In einem konkreten Fall müssen die schallreflektierenden Decken- und Wandabschnitte innerhalb der eingezeichneten Ellipse liegen, Bild 23. Liegen sie außerhalb, so verursachen sie Reflexionen,

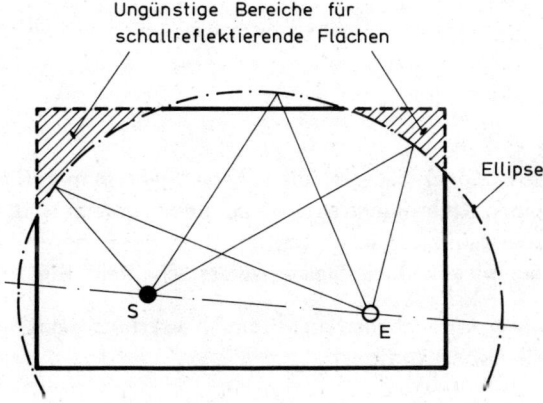

Bild 23. Ermittlung von ungünstigen Reflexionsflächen beim Längsschnitt eines Raumes.

35

deren Weglängendifferenz größer als 17 m ist, und deshalb zur Echobildung führen.

Bei *ebenen*, parallel zum Boden verlaufenden *Decken* treten die gleichen Effekte auf wie beim rechteckigen Grundriß.

Gewölbte Decken (im Längs- oder Querschnitt) mit großen Krümmungsradien führen zur Schallkonzentration und sind daher äußerst ungünstig, Bild 24.

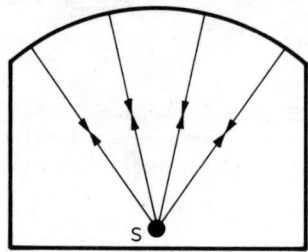

Krümmungsmittelpunkt im Raum.

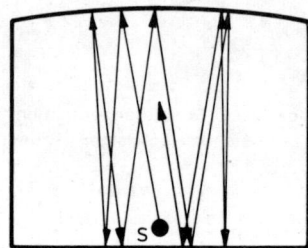

Krümmungsmittelpunkt weit außerhalb des Raumes.

Bild 24. Unerwünschte Schallkonzentration bei gewölbten Decken mit großen Krümmungsradien.

Deckenkonstruktionen dagegen, die aus stark gekrümmten Einzelflächen — Flächen mit kleinen Krümmungsradien — zusammengesetzt sind, sind nicht unvorteilhaft. Sie bündeln zwar Schall weit oberhalb der Zuhörer, bei den Zuhörern selbst erzeugen sie jedoch ein gleichmäßiges Schallfeld, Bild 25.

Ebenfalls günstig, weil schallstreuend, sind *Kassettendecken* und längs- oder qeurgerippte Deckenkonstruktionen.

36

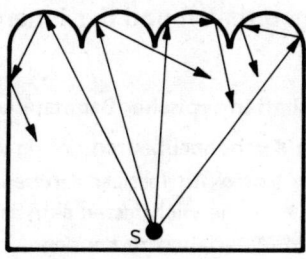

Bild 25. Schallstreuung bei Decken aus Flächen mit
kleinen Krümmungsradien.

Natürlich haben die Grundrisse und Längsschnitte von Kirchen nur selten ausschließlich die Formen der angegebenen Beispiele. Sie sind jedoch oft aus diesen
Formen zusammengesetzt, z. B. rechteckiges Längsschiff mit halbkreisförmigem
Abschluß und gewölbter Decke. So kann man in einem konkreten Fall die bei
einfachen Formen angestellten Überlegungen sinngemäß anwenden.

37

4. Einfluß der Baumaterialien und der inneren Gestaltung auf die Hörsamkeit

4.1. Akustische Eigenschaften typischer Baumaterialien

Um bei der Planung von Kirchenneubauten richtig verfahren zu können und bei der raumakustischen Korrektur fertiger Kirchen den richtigen Weg zu beschreiten, ist es erforderlich, die wichtigsten akustischen Eigenschaften der beim Kirchenbau verwendeten Materialien zu kennen.

Beton, unverputztes bündig gefugtes hartgebranntes Mauerwerk, Steinplatten, Schiefer, Marmor sind schallharte, schallreflektierende Materialien. Flächen aus diesen Materialien reflektieren den auftreffenden Schall fast hundertprozentig bei allen Frequenzen.

Mauerwerk als Vorsatzschale (Luftzwischenraum mit Miniralfasermatten ausgefüllt), aus Lochziegeln mit geschlosssenen oder aus Vollziegeln mit offenen Stoßfugen, bildet einen kombinierten Resonanz- und porösen Absorber. Die Höhe der Schallabsorption hängt von der Dicke der Vorsatzschale, von der Tiefe des Luftzwischenraumes und vom Flächenanteil der Lochung bzw. der Fugen ab. Die Schallschluckung ist bei den tiefen Frequenzen schmalbandig aber hoch, bei den höheren Frequenzen breitbandig und mittelhoch.

Porenbetonflächen sind poröse Absorber. Die Schallabsorption bei den tiefen Frequenzen ist gering, bei den hohen Frequenzen mittelhoch.

Glatte bauübliche Putze sind ebenfalls schallreflektierend. Spezielle schallabsorbierende Akustikputze wirken wie poröse Absorber. Sie absorbieren Schall bei den tiefen Frequenzen nur wenig, erreichen jedoch bei höheren Frequenzen hohe Absorptionswerte.

Farbanstriche können die akustischen Eigenschaften von Materialien wesentlich beeinflussen, je nachdem, ob sie offenporig oder porenschließend sind. Behandelt man z. B. eine schallabsorbierende Porenbetonfläche mit porenschließender Farbe, so geht die schallabsorbierende Wirkung verloren. Bei einem Anstrich mit nichtporenschließender Farbe bleibt die Schallabsorption dagegen unverändert erhalten.

Stoffe, wie Teppiche, Teppich-Auslegewaren, Samtbezüge usw. sind poröse Absorber, absorbieren also Schall hauptsächlich im oberen Frequenzbereich. Der Grad der Absorption ist abhängig von Dicke, Material und Webart des Gewebes.

Werden Wandteppiche, Samt- oder Filzvorhänge, Leinengeweben in gewissem Abstand von der Wand angebracht oder Teppiche auf eine dicke Filzunterlage gelegt, so werden — je nach Anordnung mehr oder weniger stark — außer den hohen auch die tiefen Frequenzen absorbiert.

Matten oder Platten aus Glas- oder Mineralfaser oder aus offenporigem Schaumstoff, sowie Einzelpersonen — je nach Art der Bekleidung — sind poröse Absorber. Sie absorbieren Schall bei den tiefen Frequenzen geringfügig, bei den mittleren und hohen Frequenzen sehr stark.

Massivholz, Holzbänke und Holzparkett zeigen bei den tiefen und mittleren Frequenzen praktisch keine, bei den hohen Frequenzen eine sehr geringfügige Schallabsorption.

Auf Lattenunterkonstruktion angebrachte oder abgehängte Holzverkleidungen, mit Nut und Feder oder mit Schlitz verlegt, mit oder ohne Hinterlegung aus Mineralfasermatten, sowie Verkleidungen aus gelochten bzw. geschlitzten oder aus ungelochten bzw. ungeschlitzten Span-, Sperrholz- oder Gipskartonplatten, ferner Holzpodeste unter den Bankreihen stellen Resonanz- oder mitschwingende Absorber dar. Je nach Größe des Loch- oder Schlitzflächenanteils und der Hinterfüllung ist die Frequenz, bei der die maximale Absorption erfolgt, und der Grad der Schallabsorption eine andere. Durch geeignete Kombination vieler abgestimmten Absorber ist eine breitbandige Schallschluckung zu erreichen.

Glasflächen sind an sich schallharte, schallreflektierende Flächen. Je nach Größe der Glasscheiben können sie aber auch als mitschwingende Absorber wirken und Schall bei den tiefen oder mittleren Frequenzen — jedoch nicht sehr stark — absorbieren.

Bei sehr großen Räumen — mit Raumvolumina ab etwa 20.000 m³ — ist auch die Schallabsorption der Luft nicht mehr zu vernachlässigen. Sie wird in Form eines Korrekturfaktors — der von der Frequenz und von der relativen Luftfeuchtigkeit abhängig ist — bei der rechnerischen Ermittlung der Nachhallzeit berücksichtigt.

Eine kleine Auswahl von Schallabsorptionsgraden verschiedener Materialien ist im Abschnitt 9 zusammengestellt. Weitere Sammlungen von Schallabsorptionsgraden sind in der angegebenen Fachliteratur zu finden.

4.2 Innere Gestaltung der Raumbegrenzungsflächen

Nachfolgend soll der Einfluß der Gestaltung der Raumbegrenzungsflächen — Boden, Wände, Decke — auf die Hörsamkeit untersucht werden. Das anzustrebende akustische Ziel ist, die ausreichende, gleichmäßige, echofreie Schallversorgung der Zuhörer zu gewährleisten, bei zugleich günstiger Nachhallzeit des Raumes.

Durch die geeignete Wahl der Materialien kann die gewünschte optimale Nachhallzeit — für Sprache oder für Kirchenmusik — bei der Planung rechnerisch eingestellt und nach Fertigstellung meßtechnisch kontrolliert werden. Dadurch ergeben sich einerseits die Abmessungen und Formen der erforderlichen Flächen mit bestimmten akustischen Eigenschaften (z. B. Tiefenschlucker); andererseits werden den Abmessungen bestimmter unerwünschter Flächen (z. B. schallharter Sichtbetonflächen) Grenzen gesetzt. Wie jedoch die vorhergehenden Betrachtungen gezeigt haben, sind außer der Nachhallzeit auch noch andere Kriterien zu berücksichtigen.

Die ausreichende Schallversorgung macht das bewußte und richtige Einsetzen schallreflektierender Flächen erforderlich. Schallanteile, die von der Schallquelle nicht in Richtung der Zuhörer, sondern nach oben oder nach hinten abgestrahlt werden, sollen für sie nicht verlorengehen. Diese Anteile sollen durch die in Material und Anordnung geeignet gewählten Flächen zu den Zuhörern reflektiert werden. Geneigte Rückwände hinter Chören, Schallreflektoren über Orchestern, Schalldeckel über der Kanzel und über dem Altarraum dienen dieser Aufgabe und sind daher in den meisten Fällen unerläßlich.

Eine gleichmäßige Schallversorgung bedeutet, daß Schallkonzentrationen oder mit Schall unzureichend versorgte Gebiete vermieden werden sollen. Für die innere Gestaltung bedeutet dies, daß die Gestaltung und Anordnung sowohl der schallharten, als auch der stark schallschluckenden Flächen sorgfältig überlegt werden muß. Generell kann man festhalten, daß große, konvex gekrümmte schallharte Flächen — Kuppeln, Kugelkalotten, Paraboloide — vermieden werden sollen, da sie eine Schallfokussierung auf bestimmte Stellen bewirken. Ebenfalls ungünstig sind schallabsorbierende Flächen hinter und über Schallquellen, weil dadurch Schallenergie, die genutzt werden könnte, vernichtet wird.

Im Interesse einer gleichmäßigen Schallverteilung ist es günstig und wünschenswert, wenn die Flächen — nach den Grundgedanken des Abschnitts 2.3 — reichlich grob und fein gegliedert werden. Für eine Gliederung gibt es zahllose Beispiele und Möglichkeiten, wie Nischen, Wandvorsprünge, Beichtstühle, Verzierungen und Dekorationen, Fensternischen, Profilierung, Simse, Kassettierung, usw. Auch ein plastisch gegliedertes Orgelgehäuse wirkt in gleicher Richtung.

Die grobe und feine Gliederung der Flächen und der Einbauten kommt auch einer flatterechofreien Schallversorgung zugute. Flatterechos bilden sich immer dann, wenn zwei ebene schallharte Flächen parallel zueinander stehen. Solche Anordnungen sind grundsätzlich zu umgehen, entweder durch Vermeidung von Parallelitäten (leichte Schrägstellung), oder durch eine ausreichende Aufgliederung der Flächen, oder durch schallabsorbierende Gestaltung einer der parallelen Wandflächen.

40

5. Standort und Platzbedarf der Orgel

Bei der Wahl des Standorts der Orgel sollte folgender Grundsatz gelten: Die Orgel soll den Raum frei, also nicht aus Nebenräumen heraus beschallen. Sie soll in demjenigen der Räume stehen, der der größte ist.

Ein von der Schallausbreitung her guter Standort ist der Altarraum, schon deshalb, weil der Orgelschall von vorne auf die Hörer trifft (man hört von vorne besser). Diese Anordnung ist jedoch vielfach nicht durchführbar, sei es aus Platzgründen oder sonstigen architektonischen Gegebenheiten, so daß dort meist nur eine kleine Chororgel vorgesehen wird.

Der weiterhin akustisch günstige, in früheren Jahrhunderten häufig geübte Brauch einer Langschiff-(Schwalbennest-)Orgel kommt wegen der Schwierigkeit, für sonstige Mitwirkenden Platz zu schaffen, nur selten in Frage.

Eine Orgel im Querschiff kommt nur dann in Betracht, wenn dieses Querschiff eine genügend gute raumakustische Verbindung zum Hauptschiff hat und seinerseits nicht zu tief ist. Gegebenenfalls bietet sich sogar dann eine Aufstellung der Orgel an einer Seitenwand des Querschiffes an.

Die akustisch ebenfalls günstige Möglichkeit, die Orgel auf einer zum Hauptraum gehörenden, ausreichend großen Seitenempore unterzubringen, wird zur Zeit noch wenig genutzt.

Der Standardplatz ist die Empore der Westseite, wobei die Unterbringung in einer Nische zu vermeiden ist. Von hier aus wird der Schall voll in den Raum abgestrahlt, verliert sich aber bei Langschiffen je nach Nachhallzeit des Raumes. Etwas vereinfacht, jedoch durchaus anschaulich, kann man es so formulieren, daß bei längeren Nachhallzeiten der Orgelklang im Langschiff quasi „weitergetragen" wird und länger im Raum „steht".

Die Aufstellung auf einer Empore verlangt ein ausgewogenes Verhältnis der Abmessungen, insbesondere der Höhen. Als Anhalt kann angegeben werden: Die Empore soll auf etwa 1/3 der Gesamthöhe des Raumes angeordnet werden. In unserem Fall bedeutet das, bei einem Raumvolumen von etwa 4000 m^3 und bei einer angenommenen Raumhöhe von etwa 12 m,

> etwa 4,0 m für die Emporenhöhe,
> etwa 6,5 m für die Höhe der Orgel und
> etwa 1,5 m für den Luftraum darüber.

Bei geringer Raumhöhe bietet sich oft ein Aufbau von Orgel und Chor ohne Empore auf einem Podium an, sowohl vorne als auch hinten oder im Seitenschiff der

Kirche. Es ist aber darauf zu achten, das Podium so hoch zu legen, daß die Sänger über die stehende Gemeinde hinwegsingen können.

Weitergehende allgemeine Angaben zum Platzbedarf der Orgel sind im Abschnitt 12, Anhang, zusammengestellt. Wichtige Faktoren sind dabei: eine große Abstrahlfläche, eine geringe Tiefe, ferner die Umschließung der einzelnen Werke durch klangverschmelzende und klangveredelnde Gehäuse.

Es ist zu beachten, daß jedes Orgelgehäuse für den Raum selbst, in dem es steht, einen mehr oder weniger starken Schallabsorber darstellt. Deshalb wird in Konzertsälen und Studios mitunter praktiziert, die Orgel bei Nichtbenutzung durch eine Wand, z. B. aus Holz, zu verschließen. Für den Orchesterklang wird dadurch die Orgel selbst nicht zum Schallabsorber. Die errechnete oder gemessene Nachhallzeit eines (Kirchen-)Raumes ohne Orgel ändert sich also nach Aufstellung der Orgel. Sie nimmt ab, sie wird kürzer. Die Orgel ist demnach nicht allein vom Raumbedarf und Gewicht her in die planerischen Überlegungen einzubeziehen, sondern auch als schallabsorbierende Fläche.

In diesem Zusammenhang ist auf Grund der Orgelbaupraxis zu betonen, daß aus Gründen einer erwünschten Schallreflexion die Rück- und Seitenwände der Orgelempore sowie die Decke — insbesondere der Teil oberhalb der Orgel — schallhart gestaltet und mit der entsprechenden Neigung versehen werden sollten.

Holzdecken wirken, wenn zu dünn oder nicht starr genug abgehängt, nicht schallreflektierend, sondern mitschwingend und dadurch tiefenabsorbierend. Wird also auf eine starke Baßwirkung Wert gelegt, so sollten Holzdecken im Bereich der Orgel genügend dick und genügend starr befestigt (abgehängt) sein, um als schallreflektierende Fläche dienen zu können. Zur erforderlichen Tiefenabsorption — um die Nachhallzeit in diesem Frequenzbereich nicht zu lang werden zu lassen — gibt es die im Abschnitt 2.1 beschriebenen Wege, wobei von der Orgel weiter entfernt liegende Deckenflächen durchaus als Tiefenabsorber gestaltet werden können.

Die schallabsorbierende Wirkung von Holzemporen oder Holzpodesten um die Orgel herum darf ebenfalls nicht außer acht gelassen werden.

6. Zusammenfassende Richtlinien für die Neubauplanung

Faßt man das bisher Dargelegte in kurze Leitsätze zusammen, so kann man für die Neubauplanung folgendes festhalten — was jedoch weder als Rezept aufgefaßt, noch so verstanden werden sollte, als wollte man das künstlerische Schaffen oder die Freiheit der Gestaltung des planenden Architekten einengen. Im Interesse des raumakustischen Gelingens einer Kirche — in der schließlich nicht nur dem Auge dienende zeremonielle Handlungen vollzogen werden, sondern mindestens genauso wichtige, dem Ohr zugedachte liturgische wie musikalische Handlungen, nämlich Orgelmusik, Chor- und Gemeinschaftsgesang, gemeinsames Gebet und das gesprochene Wort — ist es jedoch ratsam, bestimmte grundlgende Erkenntnisse zu berücksichtigen und einige Grundregeln zu beachten.

Diese Leitlinien appellieren an die gesunde schöpferische Initiative der Architekten und mögen als Hilfe für schrittweises Vorgehen im Sinne der für eine gute Hörsamkeit erforderlichen Gegebenheiten verstanden werden.

1. Aus der vorgesehenen Besetzung der Kirche — einschließlich Chor und Orchester — wird der Richtwert für das *Raumvolumen* nach der Regel festgelegt: mindestens 8 bis 10 m³ pro Person.

2. Schon bei dem ersten Entwurf der Raumgestaltung sind die Gesetze der geometrischen Raumakustik zu berücksichtigen.
   Durch *schallreflektierende Flächen* im Kirchenraum ist reflektierter Schall bis zu einem Laufzeitunterschied von 50 ms — entsprechend einer Wegdifferenz bis zu 17 m — zur Erhöhung der Silbenverständlichkeit und zur gleichmäßigen Schallversorgung zu begünstigen.
   Schallreflektierende Flächen, die reflektierten Schall mit einem Laufzeitunterschied von über 50 ms — entsprechend einer Wegdifferenz von über 17 m — erzeugen, ferner parallele schallharte Flächen, sind wegen Echo- und Flatterechobildung zu vermeiden oder gegebenenfalls schallabsorbierend zu gestalten.
   Durch schallreflektierende Flächen hinter und über der Schallquelle — sogenannte ,,Schalldeckel'' — sind nützliche Reflexionen zu begünstigen.
   Gewölbte schallharte Flächen mit großen Krümmungsradien sind wegen Bildung unerwünschter Schallkonzentrationen zu vermeiden. (Siehe Abschnitte 2 und 3.)

3. Im Interesse einer ausreichend *diffusen Schallverteilung* sind große ebene Flächen zu vermeiden. Wände und Decken sind grob und fein aufzugliedern. Im gleichen Sinne wirkt eine nicht zu karge Inneneinrichtung. (Siehe Abschnitt 2.)

4. Besonders wichtig ist die richtige Wahl der *anzustrebenden Nachhallzeit* beim besetzten Raum sowie der Frequenzabhängigkeit der Nachhallzeit (siehe Abschnitt 2.1; Bilder 4 und 5). Dabei ist im allgemeinen eher die obere Hälfte des angegebenen Nachhallzeit-Streubereiches zu wählen. Eine kürzere Nachhallzeit — also die untere Grenze des Streubereiches — soll nur dann in Betracht gezogen werden, wenn alle möglichen Maßnahmen zur Erreichung einer diffusen Schallverteilung bei der Planung berücksichtigt worden sind.

5. Bei der *Materialwahl* der Flächen soll die Erzielung des anzustrebenden Nachhallzeitbereiches maßgebend sein. Es ist in fast allen Fällen möglich, eine sowohl den Vorstellungen des Architekten entsprechende, als auch den akustischen Erfordernissen genügende Lösung zu finden. Die Erfahrung zeigt, daß in der Regel verhältnismäßig große Flächen für Tiefenabsorber erforderlich sind. Die Höhenabsorption kann dagegen durch Teppiche und durch die Kirchenbesucher selbst realisiert werden. Die Schallabsorption der Orgel darf dabei nicht außer acht gelassen werden.

6. Ein *Ausgleich der unterschiedlichen Nachhallzeiten* im leeren und besetzten Zustand der Kirche — das ist für Chor- und Orchesterproben, sowie bei geringen Besucherzahlen sehr wünschenswert — kann

   a. durch Belegen der Massivholz-Bänke oder Stühle mit Sitz- und Rückenkissen, und

   b. durch Einbau von schallabsorbierenden Materialien in der — dann allerdings gelochten — Sitzfläche oder Rückenlehne gelöst werden.

   Der Nachhallzeit-Ausgleich kommt dabei folgendermaßen zustande: Bei der unbesetzten Kirche bilden die Sitz- und Rückenkissen die schallabsorbierenden Flächen. Wird der Sitzplatz besetzt, so werden die Kissen von der sitzenden Person verdeckt, die Schallschluckfläche bildet die sitzende Person (die Bekleidung) selbst.
   Allerdings bleiben die Kissen bei stehenden oder knieenden Personen unbedeckt und bilden so eine zusätzliche Absorptionsfläche. Das wirkt sich bei Sprache günstig aus — bei Sprache ist die optimale Nachhallzeit kürzer als bei Musik — und Kirchenkonzerte werden ohnehin sitzend gehört.

7. Eine geschlossene, schallundurchlässige Emporenbrüstung ist ungünstig. Sie wirkt als Schallhindernis, als Schallschirm für Chor und Orgel, hauptsächlich bei höheren Frequenzen. Im Interesse einer ungehinderten Schallausbreitung soll die *Emporenbrüstung vollkommen schalldurchlässig* gestaltet werden. Falls

gewünscht, kann sie mit einer dünnen, schalldurchlässigen Bespannung optisch dennoch geschlossen werden. Um einen — im musikalischen Sinne — durchsichtigen und ausgewogenen Chorklang zu erhalten, ist bei der Planung der Empore bzw. des Podiums auf eine ausreichende Abstufung des Chores zu achten. Die erforderliche Höhe für die Orgel soll jedoch dabei auch gegeben sein.

8. Je nach Lage der Kirche hinsichtlich störender Umgebungsgeräusche (z. B. Straßenverkehrslärm) ist eine *ausreichend hohe Schalldämmung* der Wandungen erforderlich. Hier bilden fast immer die *Fenster* die schwächste Stelle, die gegebenenfalls aus Dickglas bestehen oder als Doppelfenster gestaltet werden müssen. Doppelscheiben-Isolierverglasung sowie Verbundfenster bringen, wegen des zu geringen Scheibenabstandes, keine höhere Schalldämmung als Einfachfenster gleicher Scheibendicke, wohl aber eine bessere Wärmeisolierung.

Gelangen infolge nicht ausreichender Schalldämmung der Fenster Störgeräusche in die Kirche, so kann dadurch die Silbenverständlichkeit stark herabgesetzt werden.

7. Nachträgliche Verbesserung der Hörsamkeit bestehender Kirchen

Bei jeder Krankheit oder bei jedem fehlerhaften Funktionieren eines Systems muß am Anfang einer Abhilfe die Diagnose stehen. Die raumakustische Diagnose bei einer Kirche ist die Nachhallzeitmessung.
Wurde die Nachhallzeitmessung durchgeführt und ausgewertet, so ist zunächst — im Vergleich mit der optimalen Nachhallzeit — die fehlende oder überflüssige Absorptionsfläche zu ermitteln.
Die Gestaltung der fehlenden Absorptionsflächen erfordert ebenfalls eine Abwägung der akustischen und architektonischen Erfordernisse und Gesichtspunkte.

Das geschieht zweckmäßigerweise in einer gemeinsamen Besprechung zwischen dem Architekten und dem beratenden Akustiker. Die Praxis zeigt, daß am häufigsten die tiefen und die mittleren Frequenzen stark absorbiert werden müssen, um die in diesem Bereich zu lange Nachhallzeit herabzusetzen. Dies erfordert großflächige Resonanz- oder mitschwingende Absorber. Da deren Unterbringung oft auf Schwierigkeiten stößt (Denkmalpflege), könnte z. B. an Holzfußböden (hohl) mit Trittschalldämpfung oder an Holzpodeste unter den Bänken gedacht werden.

Wenn man sich zu akustischen Korrekturmaßnahmen in einer Kirche entschließt, so ist es sinnvoll, eine Lösung zu wählen, bei der die optimale Nachhallzeit sowohl bei besetztem als auch bei unbesetztem Raum erreicht oder zumindest dem Optimum angenähert wird. Außerdem sollte man sich dazu entschließen, den bereits mehrfach erwähnten Schallreflektor (Schalldeckel) hinter und über der Kanzel sowie gegebenenfalls hinter und über dem Altar anzubringen. Die Wirkung solch eines Reflektors ist in den meisten Fällen verblüffend. Die mittelalterlichen Dome kannten nur dieses Hilfsmittel. Auch Altarflügel hatten eine solche Funktion.

Die Erfahrung zeigt leider allzu oft, daß vor der Renovierung einer Kirche nur selten Gedanken über die akustischen Folgen angestellt werden. So entfernt man üblicherweise die alten Holzpodeste unter den Bänken, um einen anderen Steinboden oder eine Fußbodenheizung einzubauen und läßt sämtliche Wände und Decken neu streichen. Eigentümlicherweise erwartet man von solch einer optischen Verschönerung des Raumes — quasi als Selbstverständlichkeit — auch eine Verbesserung der „Akustik". Der Gegenteil ist der Fall: Die Nachhallzeit wird sowohl bei den tiefen als auch bei den hohen Frequenzen länger, die Kirchenbesucher beklagen sich.

Was ist z. B. geschehen? Durch Entfernen der Holzpodeste hat man die großflächigen Tiefen- und Mittenabsorber aus dem Raum geschafft; der wunderschöne Wand- und Deckenanstrich ist garantiert porenschließend und bewirkt somit die Herabsetzung der Schallabsorption — also Erhöhung der Nachhallzeit — bei den hohen Frequenzen. Hierzu führt auch die Entstaubung, da Staub ja Schall schluckt. Es werden große schallharte Flächen geschaffen, die zu Echos und Flatterechos führen können.

Daß nachträgliche akustische Verbesserungen dann nicht nur kostspieliger sind, sondern meistens nur halbe Lösungen gestatten und somit die Effektivität der Maßnahmen weit geringer ist, als es bei einer Planung vor der Renovierung der Fall gewesen wäre, zeigt die Erfahrung ebenfalls. Fazit: *Zusammen mit der Planung einer optischen Renovierung ist auch eine akustische Planung erforderlich.*

8. Elektroakustische Anlage

Die in Kirchen zur Verwendung kommende elektroakustische Anlage (Ela-Anlage) hat die Aufgabe, für eine auf die Zuhörer gerichtete, gleichmäßige Beschallung zu sorgen. Sie kommt hauptsächlich bei Vollbesetzung großer Kirchen, bei ungeübten Sprechern oder dann zum Einsatz, wenn, bedingt durch die Bauform des Kirchenraums, eine gleichmäßige Schallversorgung auf natürliche Weise nicht realisierbar ist.

Als Mikrofone sollen elektrodynamische Systeme mit Nierencharakteristik und ausgeglichenem Frequenzgang, ohne Resonanzüberhöhungen, zur Verwendung kommen. Diese Eigenschaften sind erforderlich, um die Gefahr einer akustischen Rückkopplung – die sich als Pfeifen oder Klingen der Anlage bemerkbar macht – zu vermeiden. Das Mikrofon soll möglichst wenig aus dem verstärkten Schall wieder aufnehmen: Die Bevorzugung der Richtung des Sprechers durch Nierencharakteristik des Mikrofons ist erforderlich.
Bild 26 zeigt zum besseren Verständnis die drei am häufigsten zur Verwendung kommenden Mikrofon-Richtcharakteristiken: Kugel, Niere (Kardioide) und Super-Niere (Super-Kardioide), als Richtdiagramme, in der horizontalen Ebene dargestellt.

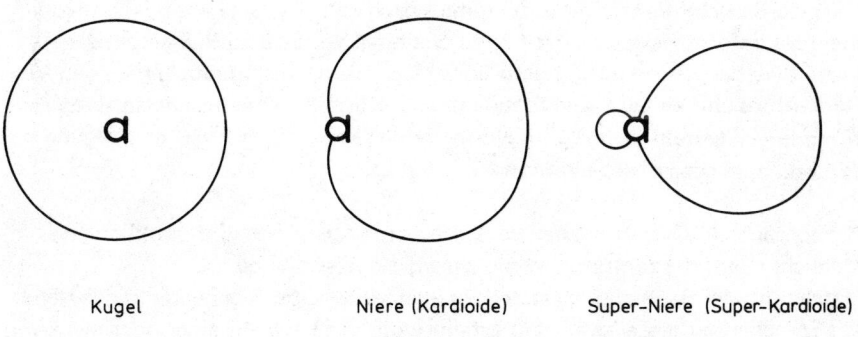

Kugel   Niere (Kardioide)   Super-Niere (Super-Kardioide)

Bild 26.   Verschiedene   Mikrofon-Richtdiagramme

Einzelne Frequenzen dürfen vom Mikrofon bei der Übertragung nicht bevorzugt werden: Der Frequenzgang soll ausgeglichen, angenähert geradlinig verlaufen.
Bild 27 zeigt ein Beispiel für den ausgeglichenen Frequenzgang eines guten elektrodynamischen Mikrofons.

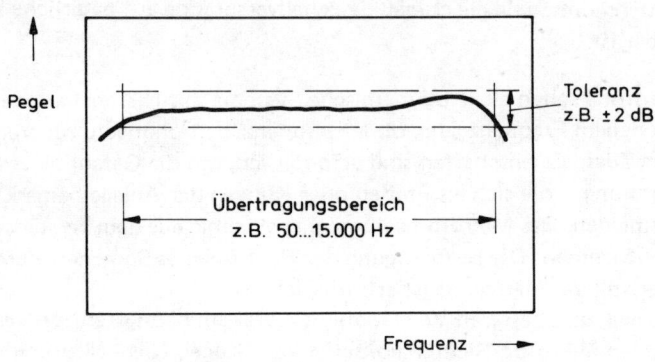

Bild 27. Beispiel für den Frequenzgang eines elektrodynamischen Mikrofons.

Die erforderliche Verstärkerleistung muß nach den Gegebenheiten (Raumvolumen, Raumform, gewählte Art der Beschallung) von Fall zu Fall gesondert ermittelt werden. Wenn nur Sprache übertragen werden soll, brauchen an den Verstärker hinsichtlich Qualität (Frequenzgang, Klirrfaktor) keine überspitzten Anforderungen gestellt werden. Im Normalfall ist keine stereofone Übertragung erforderlich, es genügt also ein Mono-Verstärker.

Hinsichtlich der Gestaltung der Lautsprecheranlage gibt es grundsätzlich zwei Möglichkeiten: die zentrale und die dezentrale Beschallung.
Unter zentraler Beschallung versteht man eine, zweckmäßigerweise in der Nähe des Sprechers aufgestellte Lautsprechergruppe. Sie kann aus einer oder mehreren Lautsprecherzeilen, oder aus einem Lautsprecherkorb bestehen. Sie strahlt Schall mit verhältnismäßig großer Lautstärke ab. Bild 28 zeigt eine dieser Möglichkeiten.

48

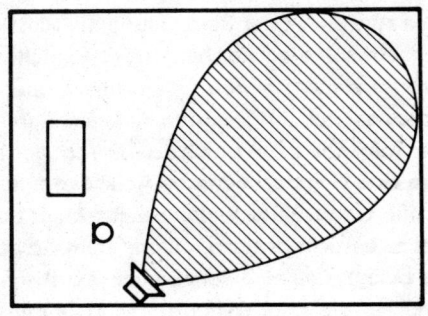

Bild 28. Zentrale Beschallung.

Unter der dezentralen Beschallung versteht man mehrere, verteilt angeordnete Lautsprecher oder Lautsprechergruppen, die je nach Raumform und Raumhöhe entweder in der Decke, an den Seitenwänden oder an den Säulen befestigt werden können. Sie strahlen Schall mit verhältnismäßig niedriger Lautstärke ab. Bild 29 zeigt schematisch eine Möglichkeit.

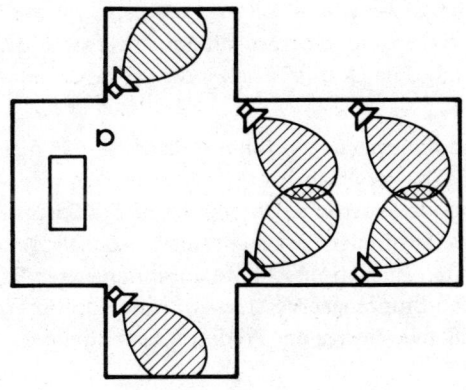

Bild 29. Dezentrale Beschallung.

49

Ob die erste oder die zweite Art der Beschallung die günstigere ist, ist generell nicht zu sagen. Vielmehr soll die Entscheidung erst gefällt werden, wenn die zu erwartenden oder vorhandenen Verhältnisse studiert, oder wenn ein Vergleich der beiden Arten, mit provisorisch aufgebauten Anlagen, durchgeführt wurde. Bei der Auswahl soll der folgende Effekt nicht außer acht gelassen werden:

Wird in einem Raum eine elektroakustische Anlage mit dezentral angeordneten Lautsprechern installiert, so ist eine weitere Eigenschaft der Wahrnehmung des menschlichen Ohres zu berücksichtigen, die mit dem *Gesetz der ersten Wellenfront* bezeichnet wird. Es besagt, daß eine Schallquelle akustisch immer in der Richtung geortet wird, aus welcher die erste Wellenfront das Ohr erreicht. Bei einer dezentralen Lautsprecheranlage ist es jedoch so, daß das Ohr — da die Lautsprecher von den Zuhörern weniger weit entfernt sind, als der Sprecher selbst — zuerst vom Lautsprecherschall und erst danach vom Originalschall des Sprechers erreicht wird. So ortet man als Schallquelle nicht den Sprecher, sondern den jeweiligen Lautsprecher. Da jedoch optisch der Sprecher als Schallquelle wahrgenommen wird, ist diese akustische Erscheinung störend.

In der Praxis gibt es drei Wege zur Abhilfe.

Der erste ist, daß man keine dezentrale, sondern eine zentrale Lautsprecheranordnung wählt, wobei die Lautsprecher oder die Lautsprecherzeilen in der Nähe des Sprechers aufgestellt werden sollen.

Der zweite ist — wenn man aus gegebenen Gründen bei einer dezentralen Lautsprecheranordnung bleiben will — daß man die Lautsprecher mit Hilfe einer elektroakustischen Zeitverzögerung derart mit Schall versorgt, daß der Lautsprecherschall gleichzeitig mit dem Originalschall, oder bis zu ca. 50 ms danach, beim Zuhörer eintrifft.

Der dritte ist — ebenfalls bei dezentralen Anlagen —, daß man die Lautstärke des Lautsprecherschalls im Vergleich zum Originalschall so niedrig hält, daß zwar noch eine ausreichende akustische Unterstützung des Sprechers gewährleistet ist, akustisch jedoch weiterhin der Sprecher selbst als Schallquelle geortet wird.

Mit einer sogenannten Induktionsschleife unter den ersten Bankreihen und mit den dazugehörenden Empfänger-Verstärkern (mit Kopfhörer) kann ermöglicht werden, daß auch Schwerhörige der Predigt folgen können.

9. Akustische Fachausdrücke

Ohne Anspruch auf Vollständigkeit wird hier eine kleine Zusammenstellung der akustischen Fachausdrücke gegeben, die im Zusammenhang mit den raumakustischen Fragen bei Kirchen vorkommen und auch in dieser Arbeit benutzt wurden.

Absorber: —► Schallabsorption.

Absorption: —► Schallabsorption.

Diffusität: Gleichmäßigkeit der Schallverteilung in einem Raum. Bei einem diffusen Schallfeld treffen beim Zuhörer nicht nur aus einer bevorzugten Richtung, z. B. von vorne, sondern aus allen möglichen Richtungen Schallwellen ein.

Direktschall: Der Schallanteil einer Schallquelle, z. B. eines Sprechers, der den Zuhörer unmittelbar, also ohne Umwege erreicht.

Echo: Wenn der Zeitunterschied zwischen dem zuerst eintreffenden Direktschall und dem später eintreffenden reflektierten Schall mehr als etwa 100 Millisekunden (ms) beträgt, dann ist der reflektierte Schall als Schallereignis für sich, als Echo hörbar. Siehe auch —► Haas-Effekt und —► kritischer Laufzeitunterschied.

Ela-Anlage: Elektroakustische Verstärkeranlage, bestehend aus Mikrofon, Verstärker und Lautsprecher. Sie dient zur Verbesserung der Schallversorung in größeren Räumen durch Unterstützung eines Sprechers, Sängers oder Musikinstruments.

Flatterecho: Eine Vielzahl regelmäßiger Schallrückwürfe, die zwischen zwei parallelen schallharten Flächen, z. B. Wänden, entstehen können.

Frequenz: Angabe über Tonhöhe, Anzahl der Schwingungen je Sekunde. Die Frequenz f wird in Hertz (Hz) angegeben. 1000 Hz = 1 kHz (Kilohertz). Es gilt folgender Zusammenhang:

$$f = \frac{c}{\lambda}$$

c: Schallgeschwindigkeit in m/s
λ: Schallwellenlänge in m

Frequenzgang: Angabe der Güte — der gleichmäßigen Wiedergabe im ganzen hörbaren Frequenzbereich — eines Mikrofons, Verstärkers oder Lautsprechers in Kurvenform.

Gesetz der ersten Wellenfront: Es besagt, daß eine Schallquelle akustisch immer in der Richtung geortet wird, aus welcher die erste Wellenfront einer Schallwelle das Ohr erreicht.

Haas-Effekt: Von Haas entdeckte Eigenschaft des menschlichen Gehörs, wonach Schallanteile, die innerhalb einer Zeit von 50 ms am Ohr eintreffen, nicht getrennt wahrgenommen, sondern zu einem einzigen Schalleindruck verarbeitet werden. Der Lautstärkeeindruck und die Verständlichkeit der Information werden dadurch erhöht.

Hörsamkeit: Die Eignung eines Raumes für akustische Darbietungen. Früher „Akustik" genannt.

Induktionsschleife: Teil einer elektroakutsichen Verstärkeranlage. Eine am Verstärker angeschlossene Drahtschleife, in der Regel im Boden unter den Sitzen. Mit speziellem Empfänger-Verstärkergerät und Kopfhörer können Schwerhörige im Bereich der Induktionsschleife der akustischen Darbietung folgen. Verliert jedoch an Bedeutung, da heute verbreitet moderne leichte Hörbrillen getragen werden.

Kritischer Laufzeitunterschied: Ein Zeitunterschied von ca. 50 ms zwischen dem Eintreffen des Direktschalls und des reflektierten Schalls beim Zuhörer. Liegt dieser Zeitunterschied unter 50 ms, so hat das eine günstige Wirkung, siehe Haas-Effekt. Liegt er über 50 ms, dann tritt eine Verwischung auf. Bei einem Zeitunterschied über 100 ms ist ein Echo hörbar. Der Weglängenunterschied zwischen Direktschall und reflektiertem Schall beträgt bei 50 ms 17 m, bei 100 ms 34 m.

Mitschwingender Absorber: Schallabsorber, Schallschlucker als Spezialkonstruktion aus ungelochten Platten. Er absorbiert Schall schmalbandig bei tiefen und mittleren Frequenzen.

Nachhallzeit: Die Zeit, innerhalb welcher der Schallpegel in einem Raum nach plötzlichem Aufhören einer akustischen Anregung, z. B. nach einem Schuß, von seinem ursprünglichen Wert um 60 dB absinkt. Die Nachhalltzeit T wird in Sekunden (s) angegeben.

Rechnerisch ist sie mit Hilfe der Sabine'schen Nachhallgleichung zu ermitteln:

$$T = 0{,}163 \; \frac{V}{a \cdot S}$$

V: Raumvolumen in m^3
a: Schallabsorptionsgrad als Zahl
S: Schallabsorbierende Fläche in m^2

Oktavband: Ein Frequenzbereich, dessen Frequenzgrenzen voneinander einen Abstand von einer Oktave (Frequenzverdopplung) haben, z. B. 700 Hz und 1400 Hz. Die Oktavbänder sind für die akustische Meßtechnik genormt. Sie werden mit der sogenannten Oktavbandmittenfrequenz angegeben, z. B. mit 1000 Hz für das Band 700 bis 1400 Hz.

Optimale Nachhallzeit: Günstige, anzustrebende Nachhallzeit, bei der in einem Raum ein optimales Schallerlebnis für den Zuhörer entsteht. Sie ist abhängig vom Volumen des Raums und von der Art der akustischen Darbietung, z. B. Sprache, Kammermusik, Orgelmusik usw.

Poröser Absorber: Schallabsorber, Schallschlucker aus porösen Materialien, wie Mineralwolle, Teppich, Textilien usw. Er absorbiert Schall hauptsächlich bei mittleren und hohen Frequenzen.

Raumakustik: Teilgebiet der Akustik. Sie untersucht und beschreibt das Schallfeld in geschlossenen Räumen, wie Hörsälen, Konzertsälen, Kirchen, Kinos, usw.

Reflektierter Schall: Sekundärschall. Der Schallanteil einer Schallquelle, z. B. eines Sprechers, der den Zuhörer auf Umwegen, infolge von Schallrückwürfen an der Decke und an den Wänden, erreicht. Dieser Anteil erreicht den Zuhörer später als der Direktschall und hat verschiedenartige Auswirkungen; siehe ⟶ Haas-Effekt und ⟶ Echo.

Resonanzabsorber: Schallabsorber, Schallschlucker als Spezialkonstruktion aus gelochten oder geschlitzten Platten, nach dem Prinzip des Helmholtz-Resonators. Er absorbiert Schall schmalbandig bei tiefen und mittleren Frequenzen.

Richtcharakteristik: Räumliche Angabe über die Bevorzugung einer bestimmten Richtung (Richtwirkung) des Schallempfanges bei Mikrofonen und der Schallabstrahlung bei Lautsprechern.

Schallabsorption: Schallschluckung; Eigenschaft eines Materials, den Schall mehr oder weniger stark zu schlucken, zu absorbieren. Siehe noch ⟶ mitschwingender Absorber, ⟶ poröser Absorber und ⟶ Resonanzabsorber.

Schallabsorptionsgrad: Schallschluckgrad, Maß für die Größe der Schallabsorption.

$$\text{Schallabsorptionsgrad} \quad \alpha = \frac{\text{absorbierte Schalleistung}}{\text{auftreffende Schalleistung}}$$

Der Schallabsorptionsgrad α wird als eine Zahl (0 bis 1) oder in Prozent (0 bis 100) angegeben.

Schalldeckel: ⟶ Schallreflektor.

Schalldruck: Ein Wechseldruck, die Änderung des atmosphärischen Druckes, hervorgerufen durch die Schallschwingungen. Der Schalldruck p wird in Pascal (Pa) angegeben (früher in Mikrobar μb; 1 Pa = 10 μb).

Schallgeschwindigkeit: Ausbreitungsgeschwindigkeit einer Schallwelle. Die Schallgeschwindigkeit c wird in Meter pro Sekunde (m/s) angegeben und beträgt in der Luft rd. 340 m/s bei einer Temperatur von 20⁰ C. Es gilt folgender Zusammenhang:

$$c = f \cdot \lambda \qquad \begin{array}{l} f: \text{Frequenz in Hz} \\ \lambda: \text{Wellenlänge in m} \end{array}$$

Schallharte Fläche: ⟶ Schallreflektor.

Schallpegel: Schalldruckpegel, der zwanzigfache Logarithmus des Verhältnisses zweier Schalldrücke p_1 und p_2. Der Schallpegel L wird in Dezibel (dB) angegeben.

$$L = 20 \cdot \lg \frac{p_1}{p_2} \text{ in dB}$$

Schallreflektor: Eine schallreflektierende Fläche aus hartem Material, wie Stein, Beton, Glas, usw., auch „schallharte Fläche" genannt. Eine solche Fläche absorbiert die auftreffenden Schallwellen nicht, sondern wirft sie zurück, annähernd nach den Gesetzen der Optik: Einfallswinkel = Ausfallswinkel. Ein Schallreflektor dient zur Lenkung und zur Führung von Schallwellen.

Schallschluckgrad: ⟶ Schallabsorptionsgrad.

Schallschluckung: ⟶ Schallabsorption.

Silbenverständlichkeit: Anzahl der an einem Zuhörerplatz verstandenen Silben, die im Rahmen eines Tests von einem Sprecher zusammenhanglos, jedoch nach einem bestimmten Schema gesprochen werden. Die Silbenverständlichkeit wird in Prozent angegeben.

Wellenlänge: Schallwellenlänge; Länge einer Schallwelle von Wellenberg zu Wellenberg. Die Schallwellenlänge λ wird in Meter (m) angegeben. Es gilt folgender Zusammenhang:

$$\lambda = \frac{c}{f}$$

c: Schallgeschwindigkeit in m/s
f: Frequenz in Hz

10. Schallabsorptionsgradtabelle

Es gibt eine große Anzahl von Materialien, die im Kirchenbau zur Verwendung kommen können. Wollte man die Schallschluckgrade alle dieser Stoffe angeben, so ergäbe das ein Büchlein für sich. In der nachfolgenden Tabelle wird lediglich eine Auswahl gebracht, mit dem Ziel der Orientierung.

Material	Schallabsorptionsgrad					
Frequenz in Hz	125	250	500	1000	2000	4000
Beton, unverputzt	0,01	0,01	0,02	0,02	0,02	0,03
Vollziegelmauerwerk mit Kalkzementmörtel	0,16	0,13	0,15	0,11	0,13	0,14
Marmor	0,01	0,01	0,01	0,01	0,02	0,02
Porenbeton	0,02	0,14	0,19	0,28	0,34	0,45
Kalkzementputz auf Mauerwerk	0,02	0,02	0,03	0,04	0,05	0,05
Holz, massiv	0,10	0,11	0,10	0,08	0,08	0,11
Teppich, Schlingengewebe, ca. 5 mm	0,01	0,03	0,05	0,11	0,31	0,58
Teppich, wie oben, auf Filz, ca. 8 mm	0,04	0,10	0,31	0,70	0,93	0,74
Vorhang, Leinen, ca. dreifache Faltung, ca. 300 mm vor der Wand	0,09	0,29	0,35	0,41	0,43	0,55
Vorhang, Satin, ca. anderthalbfache Faltung, ca. 200 mm vor der Wand	0,09	0,55	0,99	0,89	0,93	0,92
Mineralfaserplatte, ca 30 mm	0,16	0,26	0,66	0,78	0,85	0,93
Lochziegel, ca. 50 mm dick, ca. 25 mm vor einer Wand, ca. 10 mm Mineralfasermatten-Hinterfüllung, Lochflächenanteil 17%	0,01	0,11	0,56	0,42	0,35	0,24
Gipskartonplatte, 9,5 mm dick, gelocht, Lochflächenanteil 6%, ca. 200 mm vor einer Wand, ca. 30 mm Mineralfasermatten-Hinterfüllung	0,55	0,76	0,55	0,39	0,25	0,20
Sperrholzplatte, 6 mm dick, ca. 50 mm vor einer Wand, ca. 50 mm Mineralfaser-matten-Hinterfüllung	0,57	0,37	0,13	0,07	0,06	0,03
Personen stehend, im Anzug	0,15	0,23	0,61	0,97	1,00	1,00
Personen sitzend, im Anzug	0,10	0,23	0,56	0,78	0,88	0,89
Glasfenster, große Scheiben	0,20	0,15	0,10	0,05	0,03	0,02
Vorhang, Kunststoff-Folie, 0,2 mm dick ca. dreifache Faltung, ca. 100 mm vor der Wand	0,00	0,10	0,43	0,71	0,65	0,32
Kunststoff-Bodenbelag, 2,5 mm dick, auf Beton aufgeklebt	0,01	0,02	0,01	0,03	0,05	0,05
Parkett, auf Beton aufgeklebt	0,04	0,04	0,06	0,12	0,10	0,15

11. Literatur

F. Bruckmayer: Handbuch der Schalltechnik im Hochbau. Verlag F. Deuticke, Wien, 1962.

W. Furrer: Raum- und Bauakustik, Lärmabwehr. Birkhäuser-Verlag, Basel-Stuttgart, 1972.

G. Hartmann: Praktische Akustik, Band I und II. R. Oldenbourg Verlag, München 1964 und 1968.

K. Hanus: Raumakustik. Werner-Verlag, Düsseldorf, 1959.

K. Weisse: Leitfaden der Raumakustik für Architekten. Verlag des Druckhauses Tempelhof, Berlin, 1949.

H. Schmidt: Schalltechnisches Taschenbuch. VDI-Verlag, Düsseldorf, 1968.

Deutscher Normenausschuss: Schallabsorptionsgrad-Tabelle. Beuth-Vertrieb, Berlin, 1968.

J. Cammerer, W. Zeller: Tabellarium. Reinhold und Mahla, Mannheim.

G. Plenge: Die Sicherheit von Urteilen bei Vergleichen musikalischer Kurzbeispiele. Dissertation, TU-Berlin, 1968.

G. Kaufmann, H.-J. Zemke: Raumakustische Kompromisse für Sprache und Musik in Kirchen. Vortrag, 8. Tonmeistertagung, Hamburg, 1969.

R. Werner: Einflüsse raumakustischer Faktoren auf das Musikhören in Kirchen. Verlag Merseburger, Berlin, 1970.

W. Lottermoser, J. Meyer: Raumakustische Grundlagenmessungen zur Planung von Orgeln. Das Musikinstrument, 1965, H. 8.

J. Meyer: Akustik und musikalische Aufführungspraxis. Verlag Das Musikinstrument, Frankfurt/M. 1972.

12. Anhang: Platzbedarf von Orgeln

Tabelle der möglichen Orgeltypen, ihre erforderlichen Maße und Gewichte nach Johannes Klais

Typ	Sitz-plätze	Grösse in Registern	Anzahl der Teilwerke	Mögliche Aufteilung der Werke	Breite Meter	Tiefe Meter	Höhe der Teilwerke ohne Unterbau Meter	Stromanschluss 3 x 380 V / 220 V PS	Leuchten	Gewicht Tonnen
A	200	4 - 8	1	Manual	1,5 - 2	0,5 - 1	1 - 1,5	0,1	2	0,4 - 0,8
B	250	6 - 10	2	Manual Pedal	1,5 - 2 2	0,8 - 1,2 0,5 - 0,8	1 - 1,5 2,8	0,2	4	0,8 - 1,8
C	300	10 - 18	3	HW HW SW BW POS PED PED	2 - 2,5 2 - 2,5 1,5 - 2 2,5 - 3	0,6 - 1 0,6 - 1 0,6 - 0,8 0,6 - 0,8	1,7 - 3 1 - 1,7 0,8 - 1 1 - 1,7 2,8	0,3	8	2,6 - 4,8
D	400	18 - 28	3	HW HW SW BW POS PED PED	2,8 - 3,2 2,5 - 3 1,5 - 2 2 - 2,5 3 - 3,2	0,8 - 1,2 0,8 - 1,2 0,7 - 1 0,8 - 1 0,8 - 1,2	3 1,7 - 2 1 - 1,5 1,5 - 1,8 5 - 6,5	0,5	8	4,8 - 8
E	700	28 - 45	4	HW HW SW BW POS PED PED	3 - 3,5 3 - 3,5 1,5 - 2 2 - 2,5 3 - 4	1 - 1,5 1 - 1,5 0,8 - 1,2 0,8 - 1,2 1 - 1,5	3 1,7 - 2 1 - 1,5 1,5 - 1,8 5 - 6,5	1 - 1,5	10	6,5 - 11
F	1.000	45 - 60	5	HW HW SW SW BW POS POS PED PED	3,2 - 3,5 3 - 3,5 1,5 - 2 2 - 2,5 2 - 2,5 3 - 4	1 - 1,5 1 - 1,5 1 - 1,2 1 - 1,3 1 - 1,3 1,5 - 2	3 2 - 2,8 1 - 1,5 1,5 - 2,5 1,5 - 2,5 6,5	1,5 - 2	12	10 - 15

falls Pedal geteilt, 2 x 1/2 Breite vorsehen

falls nicht als RP oder über dem Spieltisch angeordnet, zusätzlich Kopfhöhe berücksichtigen.

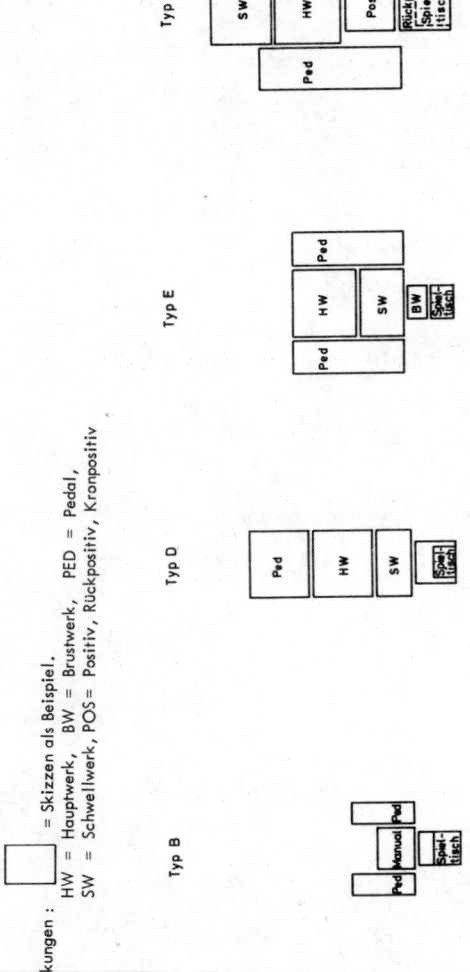

Bemerkungen : ☐ = Skizzen als Beispiel.

HW = Hauptwerk, BW = Brustwerk, PED = Pedal,
SW = Schwellwerk, POS = Positiv, Rückpositiv, Kronpositiv

Typ B

Typ D

Typ E

Typ F